Blumen sind Schönheiten der
Natur, kein Unkraut,
deshalb diese Geschichten.
Viel Spaß beim Lesen
wünscht dir, liebe Hanna,

wolfgang Jedat,

Horumersiel, im Juli 2001

Wolfgang Gedàt

Wie die Blumen zu ihren Namen kamen

Stapp Verlag

Die Zeichnungen fertigte der Autor.

ISBN 3-87776-281-6

Stapp Verlag Wolfgang Stapp, Berlin 1999

Satz: Peter Rohr Druckservice GmbH i. Gr.
Druck: Mercedes Druck, Berlin
Bindung: Heinz Stein, Industriebuchbinderei, Berlin

Inhalt

Die Heckenrose — 5

Die Herbstzeitlose — 8

Der Klatschmohn — 11

Das Johanniskraut — 14

Das Stiefmütterchen — 17

Das Schneeglöckchen — 19

Das Blümchen Ehrenpreis — 21

Die Wegwarte — 23

Teufelsblumen — 25

Das Himmelsschlüsselchen — 30

Das Gänseblümchen — 33

Die Schafgarbe — 35

Der Hasenklee — 37

Das Vergißmeinnicht — 39

Die Sonneblume — 42

Der Frauenschuh — 45

Der Löwenzahn — 48

Die Wegmalve — 52

Salzwiesengeschichten

    Das Tausendgüldenkraut — 55

    Der Strandflieder — 58

    Der Meerdreizack — 61

Die Hauhechel	64
Das Hirtentäschelkraut	67
Die Küchenschelle	70
Die Mohrrübe	73
Das Ferkelkraut	77
Der Salomonssiegel	81
Die Jungfernrebe	84
Erdrauch	88
Das Maiglöckchen	92
Die Schwertlilie	96
Die Steineiche	100
Die Seerose	103
Das Wiesenschaumkraut	106
Der Rainkohl	109

Die Heckenrose

Vor langer, langer Zeit lebte in einem Dorf in Griechenland ein Mädchen mit Namen Rosa. Sie war gerade fünfzehn Jahre alt und das hübscheste Mädchen in der ganzen Gegend. Alle Jünglinge träumten davon, mit ihr Hand in Hand durch die Heide zu laufen und ihre rosenroten Lippen zu küssen.

Rosa aber erteilte allen Jungen eine Abfuhr. Sie verhielt sich ihnen gegenüber kratzbürstig und stachlig. Am liebsten hatte sie es aber, wenn ein neuer Jüngling im Dorf auftauchte und sie ihn so recht an der Nase herumführen konnte. Zuerst machte sie ihm schöne Augen, so daß sich der Jüngling sogar Hoffnungen auf sie machte. Sie verabredete sich mit ihm, und wenn er dann kam, ging sie auch ein Stück mit ihm. Wollte er sie aber draußen auf der Heide umarmen, entwandt sie sich ihm, lachte ihn aus und lief davon. Solch eine Haltung ärgerte die Jungen. Wenn das Mädchen bei den Abgeblitzten auftauchte, sagten sie nur: „Da kommt unsere stachlige Rosa."

Zur damaligen Zeit kam es des öfteren vor, daß die Götter Menschengestalt annahmen, um auf der Erde unerkannt zwischen den Menschen herumspazieren zu können. So hatte der Hirtengott Pan in der Gegend zu tun. Er sah das Mädchen Rosa und verliebte sich in sie. Er wußte, wenn er sich dem Mädchen in seiner Bocksgestalt näherte, würde sie ihm davonlaufen. Also nahm er die Gestalt eines schönen Jünglings an. Als Rosa ihn sah, leuchteten ihre Augen auf, denn der hübsche Jüngling gefiel ihr. Pan sprach sie an, und sie antwortete. Es entwickelte sich ein Gespräch, in dem sich beide näher kamen.

Da der Hirtengott nicht gleich aufs Ganze gehen wollte, verabschiedete er sich von ihr mit dem Versprechen, am nächsten Tag wieder zu kommen. Rosa wußte gar nicht, was mit ihr los war. Hatte sie sich etwa in den Jüngling verliebt? Jedenfalls ging er ihr nicht aus dem Kopf, und sie freute sich schon auf den nächsten Tag.

Am anderen Tag erschien Pan wieder in Jünglingsgestalt bei ihr. Beide gingen sie in die Heide. Als sie weit genug vom Dorf weg waren, um nicht mehr gesehen zu werden, setzten sie sich ins Gras. Als der Hirtengott seinen Arm um sie legte, ließ sie sich das noch gefallen. Einen Kuß gestattete sie ihm auch noch. Aber nun wurde Pan, wie es die ungestüme Art des Hirtengottes war, immer zudringlicher. Rosa begann sich heftig zu wehren. Aber je mehr sie sich wehrte, um so erregter wurde Pan. Er umschlang sie und wollte sie nicht mehr aus seinen Armen lassen. Rosa stieß um sich und begann zu kratzen und zu beißen. Endlich konnte sie sich befreien. Sie lief davon, aber Pan war schneller, denn als Hirtengott lief er oft genug mit den Ziegenböcken um die Wette. Jedenfalls hatte er sie rasch wieder eingeholt. Rosa kratzte ihm des Gesicht blutig und schrie dabei laut um Hilfe.

Das hörte Diana, die Göttin der Jagd. Sie war gerade dabei, einen Hirsch zu verfolgen, und kam dabei über die Heide. Sie sah und hörte das Mädchen und erkannte Pan als Verfolger. Es zuckte sie in den Fingern, Pan einen kleinen Denkzettel zu verpassen. Der Erlaubnis vom Göttervater Zeus war sie sich ziemlich sicher, denn dem war Pan bei seinen Liebesabenteuern auch schon dazwischen geraten.

Im gleichen Moment, als Pan das Mädchen wieder fest in den Armen hielt und es trotz seines Widerstandes küssen wollte, verwandelte Diana das Mädchen in einen Busch. Da dieser Busch überall Stacheln hatte, zerkratzte er den Hirtengott genauso weiter, wie es bis eben noch das Mädchen getan hatte. Pan ließ erschrocken los, trat eine Schritt zurück und betrachtete den Busch. Wo kam der so plötzlich her? Im gleichen Moment begannen sich überall auf den dornigen Rankenzweigen des Busches wunderschöne rosafarbene Blüten zu entfalten. Nun erkannte der Hirtengott, daß die anderen Götter ihm einen Streich gespielt hatten.

Dieser Busch mit den wunderschönen Blüten und den furchtbaren Stacheln sollte ihn für immer an das wunderschöne, aber sehr stachlige Mädchen Rosa erinnern. Noch heute ist das so. Wer an die wunderschönen Rosenblüten heran will, muß gewärtig sein, sich an den Stacheln blutig zu kratzen.

Heckenrose   (Rosa canina)

Die Herbstzeitlose

Eigentlich ist Colchicium, das kleine Krokusmädchen, schon immer aufgefallen. Sie tanzte ständig aus der Reihe. Alle anderen Krokuskinder machten überhaupt keine Probleme. Sie paßten auf alles auf, was die alten Krokusse sie lehrten. Vor allem welch wichtige Aufgabe die Krokusse im Frühjahr hatten.

Wenn die Märzsonne warm scheint, kommen die Honigbienen, aber auch andere Insekten, aus ihren Winterquartieren hervor. Sie hatten sich dorthin den Winter über vor der Kälte verkrochen und ihren Kreislauf auf Null gesenkt. Durch die Wärme hervorgelockt, kommen sie heraus und fliegen auf Nahrungssuche. Damit beginnt ihr Problem. Es gibt nämlich noch keine Blumen, deren Nektar sie als Futter benötigen. Der Boden ist gerade erst am Auftauen, und so können die Pflanzen noch keine Nährstoffe über ihre Wurzeln aufnehmen. Dementsprechend könne sie aber auch noch keine Blätter und Blüten ausbilden. Das können nur Pflanzen, die eine Zwiebel an ihrer Wurzel und so ihren Nähtstoffvorrat immer bei sich haben. Zu diesen Pflanzen gehören die Krokusse. Krokusse blühen, sobald die wärmende Märzensonne ihre Strahlen aussendet.

Das erzählten die alten Krokusse den jüngeren. Sie sagten ihnen, daß sie es keinesfalls verpassen dürften, rechtzeitig zu blühen, sonst würden die Insekten verhungern. Alle Krokuskinder nickten eifrig und verständnisvoll. Bloß Colchicium nicht. Sie hatte überhaupt nicht zugehört. Sie sah auch gar nicht ein, daß sie bei der Krokusschule mitmachen mußte. Was interessierten sie die Probleme anderer. Sie spielte nur mit ihrem Spiegel herum und bewunderte ihre eigene Schönheit. Es war aber auch eine tolle Farbe, die sie hatte. Dann versuchte sie, mit ihrem Spiegel Sonnenstrahlen zu fangen und die anderen Krokusse anzublenden.

Nun ging es daran, die Jahresuhr zu lernen, um den richtigen Zeitpunkt für das Blühen nicht zu verpassen. Alle machten eifrig mit, bis auf Colchicium. Sie alberte nur herum und meinte: „Was interessiert mich die Jahresuhr, ich merke auch so, wenn es Zeit ist zu blühen. Ich lebe halt zeitlos und habe nicht solchen Streß wie ihr." Aber die anderen Krokusse ließen sich von ihrem Gerede nicht stören, lernten eifrig und merkten sich alles.

Als der Herbst kam, gingen sie, wie alle anderen Pflanzen auch, zur Winterruhe in die Erde. Sie zogen sich in ihre Zwiebel zurück und verschliefen die Winterkälte, vor Eis und Schnee gut geschützt.

Im Frühjahr wurden sie alle von ihrer Jahresuhr geweckt und fingen mit der wärmenden Märzensonne an zu blühen. Die Insekten kamen und waren froh, Nahrung zu finden; und alle Krokusse freuten sich, daß sie ihre wichtige Aufgabe nicht verschlafen hatten. Nur eine fehlte. „Wo ist denn Colchi", fragten sich die anderen untereinander? Sie war nicht aufgewacht. „Das hat sie nun davon. Sie war ja der Meinung, ohne die Zeit der Jahresuhr auszukommen," sagten sie zueinander. „Mal sehen, wann sie endlich aufwacht."

Und die Krokusse warteten. Nach und nach wachten alle anderen Blumen auf und begannen zu blühen. Die Tulpen kamen, danach die Schlüsselblumen, die Anemonen, die Leberblümchen und der Huflattich. Nach den Frühlingsblühern kamen die Sommerblumen, von Colchicium keine Spur. Die Krokusse hatten längst zu blühen aufgehört und kräftige grüne Blätter ausgebildet. Mit Hilfe dieser grünen Blätter konnten sie sich Nährstoffe bilden und in der Zwiebel speichern. So hatten sie alle Voraussetzungen für das nächste Frühjahr. Colchicium fehlte weiterhin.

Dann kam der Herbst. Die Sommerblumen wurden von den Herbstblumen abgelöst. Sie blühten überall. Eines Tages schob plötzlich Colchicium ihre Blüte aus der Erde und schaute sich um. Die Herbstblumen betrachteten sie. „Wo kommst du jetzt her, du hast hier gar nichts zu suchen. Du bist im Frühjahr dran, wie alle Krokusse." Colchicium war ganz verdutzt. „Wieso ist denn jetzt nicht Frühjahr?" Die anderen Blumen riefen alle durcheinander: „Jetzt ist Herbst. Hast du keine Jahresuhr? Du hat ja total die Zeit verschlafen." „Ich brauche keine Jahresuhr, ich lebe zeitlos", erklärte Colchicium voller Stolz. Da brachen alle Blumen in ein schallendes Gelächter aus: „Habt ihr das gehört, sie lebt zeitlos. Colchi die Zeitlose. Schläft zeitlos bis zum Herbst, obwohl sie im Frühjahr mit Blühen dran gewesen wäre." Und immer weiter ging die Spöttelei: „Colchi, die Zeitlose, verwechselt Frühjahr mit Herbst. Colchi unsere Herbstzeitlose!"

Das war ja nun etwas. Von da an riefen sie alle Blumen nur noch: „Colchi Herbstzeitlose!" Colchicium ärgerte sich darüber maßlos. Sie wurde richtig wütend und spuckte Gift und Galle vor Ärger, wie man so schön sagt. Jedenfalls wurde sie immer giftiger vor Wut. Und weil sie das Gift eben nicht ausspucken konnte, schluckte sie es mit den Nährstoffen herunter in ihre Zwiebel; und da ist es immer noch.

Colchicium hat inzwischen eine Menge Nachkommen. Sie benutzen alle brav die Jahresuhr, weil sie sich nicht genauso blamieren wollen wie ihre Urururgroßmutter. Aber da sie nun im Herbst gelandet war, blühen auch alle ihre Nachkommen im Herbst. Bis heute heißen diese Herbstkrokusse immer noch Herbstzeitlose, und giftig sind sie auch noch.

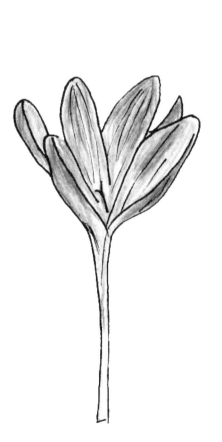

Herbstzeitlose (Colchicium autumnale)

Krokus (Crocus nudiflorus)

Der Klatschmohn

In einem Dorf lebten einmal unter vielen anderen drei Frauen mit Namen Papave, Daphne und Momu. Es waren drei echte Tratsch- und Klatschweiber. Nichts blieb ihnen verborgen. Alles zerrten sie ans Licht und tratschten darüber. Meistens sah man sie gemeinsam auf dem Dorfplatz stehen, ihre Köpfe zusammenstecken und über die anderen Dorfbewohner tratschen.

Wenn es in einer Familie Ärger oder Sorgen gab, wenn sich Mann und Frau gezankt, der Mann die Frau oder die Frau den Mann verprügelt hatte. Sie wußten es. Sie wußten auch, wer, wie lange und mit wem im Wirtshaus war, wie betrunken sie nach Hause gekomen waren. Sie wußten, welche Frau einen Liebhaber hatte und welcher Mann eine Geliebte. Sie waren davon überzeugt, daß sie die einzigen ehrbaren Ehefrauen im Dorf waren und ihre Männer die einzigen treuen Ehemänner weit und breit.

Die Leute spotteten oft über die drei Weiber, aber sie fürchteten ihre spitzen Zungen, und deshalb wagte niemand, gegen die drei vorzugehen. Ihre Ehemänner hatten es am schwersten. Sie waren nicht nur dem Gespött der Nachbarn ausgesetzt, sondern mußten sich zu Hause täglich den neuesten Tratsch anhören. Wen wunderte es also, daß sie sich heimlich nach anderen Frauen umsahen.

Papaves Mann lernte auf dem Markt eine hübsche junge und vor allem verschwiegene Frau kennen. Von da an mußte er plötzlich viel öfter auf den Markt als früher. Seiner Frau erzählte er von dringenden Geschäften und günstigen Aufträgen.

Daphnes Mann hatte häufig über Land zu tun. Bei seinen Reisen lernte er ebenfalls ein nettes junges Mädchen kennen. Sie wohnte einige Dörfer weiter. Er hatte sie zum ersten Mal gesehen, als sie im Garten ihrer Eltern stand und einen Blumenstrauß band. Von ihrem Anblick war er so entzückt, daß er anhielt und sie ansprach. Er erfuhr, daß sie Doris hieß, bei ihren Eltern wohnte und, wie man heute sagt, solo war. Von da an führte ihn sein Weg oft dort vorbei.

Ähnliches war auch Momus Mann passiert. Eines Tages, mitten im Sommer, war er mit seinem Pferd unterwegs. Da es sehr heiß war, stieg er an einem Fluß ab, um sein Pferd zu tränken. Dabei sah er ein Mädchen, das gerade im Fluß ein Bad nahm. Der Mann wartete, bis sie aus dem Wasser kam. Beide unterhielten sich und fanden Gefallen aneinander. Bis zum Herbst trafen sie sich nun regelmäßig an diesem Ort.

Papave, Daphne und Momu wußten von all dem nichts. Sie trafen sich weiter jeden Tag, um die neuesten „Nachrichten" auszutauschen. Aber irgendwie sollten sie für ihre Überheblichkeit und Schwatzhaftigkeit bestraft werden. Apoll war es, der sich in Menschengestalt zunächst Daphne näherte. Er erzählte ihr von der Untreue von Momus Mann. Dann ging er zu Momu und berichtete ihr von Papaves Mann, und schließlich berichtete er Papave von Daphnes Mann. Sofort liefen alle drei los, um der jeweils anderen etwas über den Mann der Dritten zu erzählen. Sie trafen sich mitten auf dem Dorfplatz. Momu begann sofort. „Also ich habe ja tolle Sachen über deinen Mann gehört Papave, von wegen dringende Geschäfte, er hat eine Geliebte in der Stadt." „Das lügst du, bloß um von deinem Mann abzulenken"; rief Daphne dazwischen, „alle Welt weiß inzwischen, daß er eine Geliebte hat, mit der er sich dauernd trifft." Papave aber entrüstete sich: „Na und dein Mann, ich habe gehört, daß er ein hübsches junges Mädchen, ein paar Dörfer weiter, regelmäßig besucht."

Einen Moment herrschte atemlose Stille zwischen den Dreien. Dann ging es los. „Du lügst", „Gar nicht wahr, selber Lügnerin!" „Klatschbase", „Blöde Ziege" … und so immer weiter. Vor Zorn und Aufregung waren alle drei hochrot im Gesicht. Plötzlich gab Papave Momu eine Ohrfeige. Sie schlug zurück. Dann bekam Daphne eine. Schließlich standen sie alle drei im Kreis, beschimpften und ohrfeigten sich gegenseitig.

Vom Lärm angelockt, erschien Apoll. Als er die drei Klatschweiber mit ihren hochroten Gesichtern sah, wie sie sich gegenseitig ohrfeigten und schrieen, konnte er sich nicht bezähmen. „Ihr Klatschweiber sollt nicht länger euren Männern und den Nachbarn zur Schande gereichen. Von jetzt an sollt ihr stumm mit euren vom Klatschen roten Gesichtern am Wege stehen, zur Mahnung für alle Klatschbasen."

Dann machte er eine Handbewegung, und plötzlich verwandelten sich die drei Frauen in drei Blumen mit (Klatschmohn)roten Blüten. Einige

Dorfbewohner hatten alles von weitem mit angesehen und erzählten den anderen davon.

Die Geschichte von der Verwandlung der Klatschweiber in Klatschmohn hat sich bis heute erhalten. Noch immer ist es in einigen Dörfern üblich, tratschenden und klatschenden Frauen oder Mädchen einen Strauß Klatschmohn zu schenken.

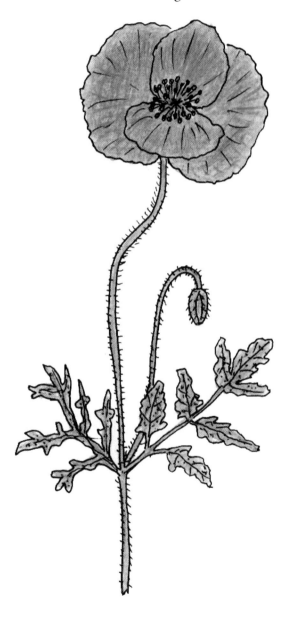

Klatschmohn *(Papaver rhoeas)*

Das Johanniskraut

Johannes der Täufer war ein frommer gottesfürchtiger Mann. Er predigte in der Wüste den Menschen das Wort Gottes, daß sie von ihren Sünden lassen sollten und Buße tun. Er taufte die gläubigen Menschen im Namen Gottes. Er taufte auch Jesus, von dem er wußte, daß er Gottes Sohn war, im Flusse Jordan. Von sich sagte er: „Ich taufe nur mit Wasser, aber der nach mir kommt (damit meinte er Jesus) tauft mit dem Heiligen Geist."

Johannes warnte die Menschen vor den Machenschaften des Teufels und verlangte von ihnen, vom Teufel und seinen Verführungen abzulassen und ein gottgefälliges Leben zu führen. Deshalb haßte ihn nicht nur der Teufel, sondern auch viele Menschen, die nicht von ihren Sünden ablassen wollten.

Zur Zeit des Johannes regierte König Herodes. Dieser hatte die Frau seines Bruders Philippus als Frau genommen und mit ihr eine gemeinsame Tochter mit Namen Salome. Seine Frau hieß Herodias.

Als Johannes der Täufer davon hörte, ging er zu Herodes und sagte zu ihm: „Es ist nicht recht, daß du deines Bruders Frau genommen hast."

Darüber war der König empört und ließ Johannes ins Gefängnis werfen. Herodias aber haßte Johannes wegen dieser Worte so sehr, daß sie nach Wegen suchte, ihn töten zu lassen. Denn sie wollte weiter die Frau eines Königs sein. König Herodes aber besuchte Johannes jeden Tag im Gefängnis und unterhielt sich mit ihm. Er wußte, daß Johannes ein frommer und heiliger Mann war, und fürchtete ihn deshalb.

Eines Tages gab Herodes ein großes Fest und hatte dazu viele Gäste geladen. Es ging ein großes Schmausen los, und als alle Gäste gegessen hatten, spielte die Musik. Herodes Tochter Salome konnte wunderschön tanzen. So bat sie der König, vor den Gästen zu tanzen. Salome tanzte den Tanz der sieben Schleier. Alle Gäste waren so entzückt von ihrem Tanz, daß Herodes seiner Tochter als Belohnung versprach, ihr einen Wunsch, gleich welcher Art, zu erfüllen und wenn es das halbe Königreich wäre.

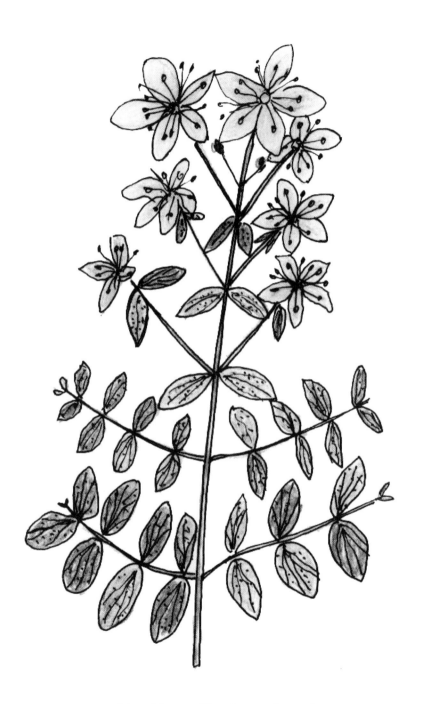

Johanniskraut (Hypericum perforatum)

Salome ging zu ihrer Mutter Herodias, um sich mit ihr zu beraten. Diese überredete Salome, sich den Kopf von Johannes auf einem silbernen Tablett zu wünschen.

Der König war darob sehr verlegen, aber versprochen ist versprochen. Und ein König muß sein Wort halten. Also befahl er, Johannes den Täufer zu köpfen. So geschah es, und Salome bekam den Kopf auf silbernem Tablett serviert.

Der Teufel hatte natürlich von dem Wunsch erfahren, denn er war es, der Herodias Gedanken gelenkt hatte. Er stand daneben, als Johannes der Kopf abschlagen wurde, und er rieb sich voller Schadenfreude die Hände.

Aber aus der Schadenfreude wurde Erstaunen und Ärger. Denn überall da, wo Blut von Johannes im Boden versickerte, wuchs plötzlich eine Blume mit vielen gelben Blüten hervor. Sollte Johannes doch nicht vernichtet sein und jetzt als Blume weiter seine Botschaft an die Menschen senden?

Das aber konnte und wollte der Teufel nicht zulassen. Er wollte die Blume ausreißen, bevor sie sich weiter ausbreiteten konnte. Er versuchte es, hatte aber kein Glück. Die Blumen wuchsen viel schneller nach, als er sie ausreißen konnte.

Voller Wut nahm sich der Teufel eine Nadel und stach damit auf die Blätter der Pflanze ein und dachte dabei: „Wenn die Blätter kaputt sind, geht die ganze Pflanze kaputt." Aber soviel der Teufel auch auf die Pflanze einstach, er bekam sie nicht kaputt. Als der erste Hahn krähte, mußte er zurück in die Hölle. Das Johannes- oder Johanniskraut aber gibt es heute noch überall, und es soll die Leute zu einem gottesfürchtigen Leben mahnen, so wie es Johannes gepredigt hatte.

Der 23. Juni ist der Johannistag, und pünktlich zu diesem Tag beginnt in jedem Jahr das Johanniskraut zu blühen. Wer einmal eine der gelben Blüten zwischen den Fingern zerrieben hat, merkt: Die gelbe Blüte sondert blutroten Saft ab, das Blut des Johannes. Wer dann die Blätter gegen das Licht hält, entdeckt all die vielen Nadelstiche, mit denen der Teufel vergeblich versucht hat, die Blume des Johannes zu vernichten.

Das Stiefmütterchen

Es war einmal ein Mädchen, das lebte mit seiner Mutter ganz allein in einer Hütte am Wiesenrand. Sie teilten Freud und Leid miteinander. Das Mädchen konnte mit allen Sorgen, aber auch mit allen Freuden zu seiner Mutter kommen. Oft saßen sie zusammen und sprachen über die Dinge, die in der Welt passierten. Die Mutter war eine liebevolle, kluge und verständnisvolle Frau.

Das Mädchen reifte zu einer wunderschönen Jungfrau heran, und die Mutter meinte oft: „Eines Tages wird ein wunderschöner Prinz kommen und dich von hier fortholen." Aber die Tochter wehrte ab: „Nein, geliebtes Mütterchen, ich werde mich niemals von dir trennen." Wenig später aber erkrankte die Mutter schwer und starb schließlich. Hinter dem Haus am Wiesenrain begrub sie das Mädchen.

Stiefmütterchen (Voila tricolor)

Jeden Tag, den Gott werden ließ, ging die Tochter nun hinter das Haus zum Grabe der Mutter. Dort setzte sie sich nieder und weinte bitterlich. Dann betete sie: „Lieber Gott, du hast mein Mütterchen zu dir genommen, und ich bin nun ganz allein auf der Welt. Ach wenn ich doch wieder in das liebe Gesicht meiner Mutter schauen könnte, wie froh wäre ich." Wieder weinte das Mädchen, und seine Tränen fielen auf das Grab. Da plötzlich wuchs eine Blume genau an der Stelle, auf die die Tränen gefallen waren. Solch eine Blume hatte es noch nie gesehen. Und als es sich die Blume genauer ansah, entfaltete diese die Blütenblätter, und dem Mädchen war, als ob es mitten in das liebe Gesicht seiner Mutter blickte. Da war die Tochter froh. Sie dankte Gott für diese Freude. Von nun an konnte sie jeden Tag, wenn sie zum Grabe kam, in das Gesicht der Mutter sehen, und wie in alter Zeit erzählte sie nun der Blume alle Freuden und auch alle Sorgen, die sie hatte. Und das Blümchen hörte zu und blickte sie mit dem freundlichen Gesicht der Mutter an. Nun war es dem Mädchen wohl.

Und wie es gehen mußte, so geschah es. Eines Tages kam ein schöner Jüngling daher, verliebte sich in das Mädchen und das Mädchen sich in ihn. Sie beschlossen zu heiraten und in dem Elternhaus des Mannes zu leben. So ging die junge Braut noch ein letztes Mal zum Grabe der Mutter, um zu beten. Dabei hörte sie eine Stimme wispern: „So nimm mich mit, dann bin ich immer bei dir." Die junge Braut sah das Blümchen an. Es nickte ganz sacht. Da grub sie es vorsichtig aus und nahm es mit zum Elternhaus ihres Mannes. Dort pflanzte sie das Blümchen wieder ein. Und wie gewohnt erzählte sie auch weiterhin der Blume alles, was sie bewegte. Und wenn die Leute später die junge Frau fragten, was das denn für eine Blume sei, so antwortete sie: „Das ist mein Stiefmütterchen", was so viel heißen soll wie Ersatzmütterchen.

Inzwischen wächst das Stiefmütterchen überall bei uns, und es ist nicht schwer, in der Blüte ein liebes Gesicht zu erkennen.

Das Schneeglöckchen

Als der liebe Gott die Pflanzen erschaffen hatte, waren sie zunächst noch farblos und wußten nicht, wozu sie da sind. So stellten sich alle Pflanzen vor dem lieben Gott auf, und er gab jeder einzelnen Pflanze eine schöne Farbe, sagte ihr ihre Blühzeit und welchem Zweck sie dienen sollte. Da bekam der Löwenzahn das schöne Gelb, was ihm den Namen Butterblume eingebracht hat. Die Rose wurde rosa und das Veilchen violett, die Margarite weiß und die Schlüsselblume gelb und immer so weiter. Der Huflattich sollte gegen Husten helfen, ebenso wie Johanniskraut und Spitzwegerich. Dagegen sollten der Breitwegerich und die Schafgarbe gegen Entzündungen helfen.

So versorgte der liebe Gott alle Blumen, bis auf eine. Die stand als allerletzte plötzlich mutterseelenallein vor ihm, ganz blaß und ohne Farbe. „Wo kommst du denn her?" fragte der liebe Gott. Da fing das Blümchen jämmerlich zu weinen an, und es sah aus wie eine einzige große Träne. „Alle anderen Blumen haben sich immer vorgedrängelt. Ich kam einfach nicht zu dir durch." Da wurde Gott ganz nachdenklich. „Ich habe überhaupt keine Farben mehr, die Aufgaben sind auch alle verteilt, was mache ich bloß mit dir?" Da weinte die Blume noch mehr. Plötzlich ging ein Leuchten über Gottes Angesicht. „Da dich die anderen Blumen immer nach hinten gedrängelt haben und du nun Letzte geworden bist, sollst du ab jetzt immer Erste sein. Wenn die anderen Blumen noch schlafen, wirst du schon blühen. Du wirst den Jahresreigen der Blumen anführen." Da hörte das Blümchen auf zu weinen. Es öffnet sich, lächelte und sah aus wie eine kleine Glocke.

„Da du blühst, wenn der Schnee noch nicht verschwunden ist, soll er dir von seinem Weiß abgeben." Das Blümchen begann vor Aufregung mit seiner Glockenblüte zu klingen. Der liebe Gott lachte: „Schneeglöckchen sollst du heißen und mit deinem Läuten den Frühling wecken."

Seitdem, wenn die Frühlingssonne den Schnee zum Schmelzen bringt, kommt das Schneeglöckchen hervor. Zunächst nur ganz vorsichtig, falls es zu kalt ist. Da sieht es aus wie eine traurige Träne. Wenn aber die Sonne dann warm scheint, wird es fröhlich. Es öffnet sich und wird zur kleinen Glocke, die den Frühling einläutet.

Schneeglöckchen   (Galanthus nivalis)

Das Blümchen Ehrenpreis

Es blüht überall am Wiesenrand und mitten auf der Wiese. Die blauen Flächen, die es bildet, sind weithin sichtbar. Immerhin sind es Flächen von ein bis drei Quadratmetern, obwohl das einzelne Pflänzchen nur klein ist. Es trägt aber eine Menge Blüten, die bis zu einem halben Kleinfingernagel groß werden können und die den etwa zehn Zentimeter langen Stengel ährenförmig schmücken. Es ist wirklich ein Allerweltsblümchen.

Es war vor mehr als hundert Jahren. Die jungen Burschen zogen als Helden ins Manöver oder in den Kampf. Der Weg von der Kaserne zum Manöverort war oft weit. Autos gab es noch nicht, also wurde marschiert, von einem Dorf zum andern. Die Knaben liefen ein Stück nebenher, mit einem Knüppel als Gewehr über der Schulter, und die Mädchen blickten den Burschen mit sehnsuchtsvollen Blicken nach. Wenn es dann Abend wurde, ging es ins Quartier. Immer an oder in einem Dorf, denn dort waren Verpflegung und Unterkunft gesichert.

Gamander-Ehrenpreis   (Veronica chamaedrys)

Die jungen Helden bekamen frei, und die Mädchen konnten endlich ihre Sehnsucht stillen. Man traf sich auf der Wiese am Fluß. Überall hörte man nun Gewisper und Gekicher, zärtliche Worte und Küsse sowie Treueschwüre. „Warte auf mich, ich bin bald zurück." Am nächsten Morgen ging es weiter. Die Mädchen begleiteten ihre frischgewonnene Liebe noch ein Stück des Wegs und steckten ihr Sträuße aus blauen Blümchen an die Mütze. Diese Sträuße sollten den jungen Helden Ehre und Preis im kommenden Kampf einbringen. Deshalb erhielt das Allerweltsblümchen den stolzen Namen Ehrenpreis.

Die Mädchen blieben zurück, die Burschen zogen weiter. Wieder wurde es Abend, wieder wurde Quartier gemacht, wieder traf man sich hinter den Hecken auf der Wiese, und wieder gab es Treueschwüre. Am nächsten Morgen gab es wieder das Sträußchen Ehrenpreis. Aber wie bald war auch das wieder vergessen, denn es gibt ja so unendlich viele hübsche Mädchen auf dem Weg. Warum sich da an eine einzige hängen? Aber was wurde aus dem Sträußchen Ehrenpreis?

Abgepflückt halten die Blütenblätter nur ganz kurze Zeit. Schon nach einer Stunde beginnen sie abzufallen und sind bald vergessen. So wie die Mädchen, denen man gerade noch ewige Treue geschworen hatte. Die Treue der Männer war so kurz wie die Haltbarkeit der gepflückten Blüten. So wurde aus dem Blümchen Ehrenpreis das Blümchen Männertreu.

Es soll heute noch die Mädchen davor warnen, gleich jedem neuen Helden zu vertrauen und sich hinzugeben. Diese Treue ist so wenig haltbar wie die Blüten des Blümchens Männertreu.

Die Wegwarte

In alten Zeiten hatten Götter und Menschen ein enges Verhältnis zueinander. So kam es oftmals vor, daß Götter auf der Erde zwischen den Menschen wandelten und sich Götter und Menschen ineinander verliebten.

Einstmals bekam der Sonnengott Helios Lust, die Menschen aus der Nähe zu betrachten. Von oben am Himmel hatte er sie schon oft gesehen, wenn er mit seinem Sonnenwagen die alltägliche Bahn zog. Aber sein Sonnenwagen wurde von feurigen Rossen gezogen. Sie durften der Erde nicht zu nahe kommen, da sie sonst mit ihrer Feuerspur alles verbrennen würden. Also verließ Helios den Sonnenwagen heimlich und ging auf der Erde spazieren.

Auf seiner Wanderung kam er auch in ein Dorf, in dem er einem wunderschönen Mädchen begegnete. Das Mädchen hatte strahlend blaue Augen, die ihn an die Farbe des Himmels erinnerten, und dazu goldblonde Haare in der Farbe seines Sonnenwagens. Der Sonnengott verliebte sich sofort, und da er in der Gestalt eines wunderschönen Jünglings zu ihr gekommen war, verliebte sich Cichorie, so hieß das Mädchen, auch in ihn.

Sie hatten eine wunderschöne Zeit miteinander. Aber die Sonnenpferde hatten keinen Lenker mehr. Zuerst zogen sie noch die vorgeschriebene Bahn. Je länger sie aber alleine waren, um so nachlässiger und liederlicher gingen sie mit ihrer Aufgabe um. Der Sonnenwagen fuhr kreuz und quer am Himmel umher, und Götter und Menschen wußten nicht mehr, welche Tageszeit eigentlich war. Am frühen Morgen tauchte der Wagen im Süden auf, und in der Mittagszeit war er im Westen oder im Osten zu finden. Das erregte den Unwillen der Götter. Schließlich bekam Hermes, der Götterbote, den Auftrag, Helios zu suchen. Hermes zog mit Flügelschritten auf der Erde umher und entdeckte schließlich Helios, wie er mit Cichorie verliebte Küsse tauschte. Rasch brachte er Gea, der Erdengöttin, die Nachricht. Sie befahl Helios, sofort wieder den Sonnenwagen zu besteigen. Dem blieb nichts weiter übrig, als dem Mädchen zu sagen, daß er der Sonnengott sei und er es nun verlassen müsse.

Das Mädchen weinte herzerweichend und bat mitzudürfen. Aber das ging nicht. Der Sonnengott stieg in seinen Sonnenwagen und lenkte die Rosse wieder in die vorgeschriebene Bahn. Sehnsüchtig blickte Cichorie ihm hinterher. Sie rührte sich bis zum Abend nicht von der Stelle, und auch am nächsten Morgen war sie schon wieder da, als Helios mit seinem Sonnenwagen auftauchte.

Das rührte Gea, die Erdenmutter. Sie verwandelte das Mädchen in eine Blume und gab ihr das Himmelblau ihrer Augen als Blütenfarbe. So ist jede Blüte ein Auge geworden. Mit all diesen Augen schaut seither die Blume der Bahn des Sonnengottes hinterher. Die Menschen haben der Cichorie den Namen Wegwarte gegeben. Denn sie steht am Weg und wartet noch heute auf die Rückkehr des Sonnengottes.

Wer die Wegwarte genau betrachtet, wird feststellen: Morgens, wenn die Sonne aufgeht, blickt sie mit all ihren Blüten nach Osten. Im Laufe des Tages wenden sich die Blüten in Richtung Süden und weiter in Richtung Westen, immer der Sonne hinterher. Ist der Tag aber trübe, ist sie traurig, weil sie ihren Geliebten nicht sehen kann. Dann mag sie ihre Blüten gar nicht richtig öffnen.

Wegwarte   (Cichorium intybus)

Teufelsblumen

Teufelskralle   (Phyteuma orbiculare)   Teufelsabbiß   (Succisa pratensis)

Nachdem der liebe Gott die Erde erschaffen hatte, erschien sie ihm recht kahl und eintönig. Er beriet mit seinen Engeln, was dagegen zu machen sei. „Es müßte etwas her, was schön bunt und leuchtend anzuschauen ist", lautete das Ergebnis. Daraufhin wurden die Blumen entworfen. Zunächst waren sie farblos, aber nachdem sie der liebe Gott mit Farben versehen hatte, wurde es überall auf der Erde leuchtend bunt. Über die Neuschöpfung war die gesamte Natur begeistert, und überall wurde das Werk Gottes gelobt.

Das ärgerte den Teufel, und er beschloß prompt, ebenfalls Blumen zu schaffen. Es sollten aber keine mit himmlischen Farben und Engelsformen werden, sondern eben Teufelsblumen. Er suchte sich dazu mitten in Gottes Garten eine Stelle, an der er seine Blumenwerke schaffen konnte. Dafür mußte das Problem gelöst werden, wie der Teufel regelmäßig zu seinem Gartenstück kommen konnte, ohne daß es auffiel. Wenn er aus dem großen Höllentor herauskam und quer durch Gottes Garten lief, konnte er leicht entdeckt werden. Dann wäre sein schöner Plan hin, bevor er ihn ausführen konnte. So beschloß er, einen unterirdischen Gang zu graben, der genau an der Stelle im Garten mündete, die er für seine Zwecke ausgewählt hatte. Gedacht, getan. Am nächsten Tag war der Gang fertig, und der Teufel konnte mit der Gestaltung seiner Blume beginnen.

„Was für eine Blume soll es werden?" überlegte der Teufel und strich sich dabei mit seiner Krallenhand durch seinen zottigen Bart. Dabei blieb er mit seinen Krallen in den Bartzotteln hängen. Verärgert zerrte er daran, um die Hand wieder frei zu bekommen. Dabei riß er sich einen Teil seines Zottelbartes ab. Achtlos schleuderte er es auf den Boden, und schon wuchs an der Stelle eine Blume, die statt einer Blüte am Stielende einen zottigen Teufelsbart trug. Der Teufel staunte. „So leicht geht das. Da mache ich gleich weiter mit anderen Körperteilen. Die Krallen sind wirklich schon so lang, daß sie lästig werden und abbrechen. Da werde ich nachhelfen." Er schnitt sich rasch die Krallen etwas kürzer und warf die abgeschnittenen Krallen auf die Erde.

Dieses Mal wuchs eine Blume, an deren Blütenstielende eine Blütenknospe mit lauter gebogenen Teufelskrallen entstanden war. Zufrieden betrachtete der Teufel sein Werk. Aber wie weiter? Intensiv starrte er mit seinen höllenglutroten Augen auf die Erde und überlegte. Während er noch nachdachte, wuchs an der Stelle, die er angestarrt hatte, schon wieder eine Blume aus der Erde. Ihre Blätter waren so zauserig und faserig wie die Gedanken des Teufels. Oben entfaltete sich eine Blüte, die genau die Farbe der Teufelsaugen hatte, nämlich höllenglutrot. „Das reicht für heute, morgen geht es weiter," dachte der Teufel und verschwand in der Hölle.

Natürlich blieb das Teufelswerk nicht lange unbemerkt. Ärger und Empörung machten sich unter den Engeln breit. Sie flogen zum lieben Gott und berichteten ihm alles. Gemeinsam suchten sie den Tatort auf, um die Teufelsblumen zu betrachten. „Das ist ja wirklich schlimm, und wegnehmen wollen wir die Blumen nun auch nicht. Also müssen sie verändert werden. Das geht aber nur, wenn noch keine Blüte da ist," sprach der liebe Gott. So machte er sich an die Arbeit. Beim Teufelsbart verlängerte er den Stiel über den Bart hinaus und setzte eine Glocke an die Spitze, die an ihn erinnern sollte. Der Teufelskralle gab er die Farbe des Himmels vor dem Gewitter, um gleichzeitig seinen Zorn über das Teufelswerk zu zeigen. Beim Teufelsauge konnte er nichts machen, weil die Blüte schon fertig war.

Nun versuchten sie herauszubekommen, wie der Teufel unbemerkt bis an diese Gartenstelle gelangt war. Nicht lange und sie hatten den Höhleneingang entdeckt. Da er vom Teufel angelegt war, ließ er sich nicht zerstören. Irgendwie mußte er dicht gemacht werden. Der liebe Gott nahm eine Blume mit einer kräftigen Wurzel und pflanzte sie über den Höhleneingang. Die Pflanze schob ihre Wurzeln nun kreuz und quer in den Höhleneingang hinein, so daß der Weg versperrt war.

Es dauerte gar nicht lange, und der Teufel kam. Als er seinen Höhleneingang durch die Wurzeln versperrt fand, war er recht erbost. Aber bald entdeckte er, daß es nur Pflanzenwurzeln waren, und er begann, fein säuberlich die Wurzeln abzubeißen. Es dauerte nicht lange, und der Teufel war wieder draußen. Als er aber entdeckte, was Gott mit seinen Blumen gemacht hatte, war er so wütend, daß er auf der Stelle kehrt machte und wieder in der Hölle verschwand. Als Gärtner hat er sich seitdem nie wieder versucht.

Übriggeblieben sind von alledem bis auf den heutigen Tag die Blumen. Es gibt immer noch die Teufelskralle mit der Krallenknospe, bei der auch an der Blüte noch die Krallen zu sehen sind.

Beim Teufelsbart sitzt noch heute unter der glockenförmigen weißen Blüte der zottelige Bart des Teufels, und das Teufelsauge hat immer noch die höllenglutrote Farbe. Letztendlich gibt es noch die Pflanze mit dem Teufelsabbiß an der Wurzel. Sie hat daher auch diesen Namen.

Teufelsauge (Adonis aestivalis)

Knospe   *Blüte*

Teufelsbart   *(Pulsatilla alpina)*

Das Himmelsschlüsselchen

Eigentlich sollten die kleinen Engel ja aufräumen und anschließend noch etwas Harfe üben. Aber wie meistens hatten sie dazu keine Lust. Sie wollten viel lieber vor dem großen Himmelstor auf den Wolken spielen. Es spielte sich herrlich dort. Die Wolken waren so watteweich. Man konnte sich hineinkuscheln, so daß die anderen einen nicht mehr sahen, und so wunderschön Verstecken spielen. Aber es ging auch mit Herumhopsen ganz toll, allerdings nur auf den dicken Kumuluswolken. Durch die dünnen Schäfchenwolken plumpste man durch. So schlimm war das nun auch wieder nicht, denn alle Engel können schließlich fliegen. Aber blöd sah es schon aus, wenn man unten aus der Wolke fiel, und die anderen lachten den Pechvogel auch noch aus. Ein tolles Spiel war auch Wolkenhasche. Da ging es mit großen Sprüngen in rasender Jagd von Wolke zu Wolke. Kurzum, es gab viel Spaß beim Spielen vor dem Himmelstor.

Aber nun stand Aufräumen und Harfespielen auf dem Programm. Dem konnte man nur entgehen, wenn man sich heimlich aus dem Himmel verdrückte. Doch so einfach war das nicht. Schließlich war das große Himmelstor fest verschlossen. Und den Schlüssel hatte der alte Petrus an seinem Gürtel. Wie also da herankommen? Die kleinen Engel berieten. Dann hatten sie die Idee. Sie gingen zu Petrus und sagten: „Lieber Petrus, wir haben so schöne Lieder gelernt, jetzt wollen wir sie dir vorsingen."

Petrus freute das, denn erstens mochte er die lieben Kleinen, zweitens hörte er sie gerne singen und drittens war es eine Abwechslung bei seinem langweiligen Torwächterdienst. Also setzte er sich in seinen großen Lehnstuhl und hörte zu.

Die Engel sangen zuerst lustige Lieder, und Petrus wurde ganz fröhlich. Dann sangen sie traurige Lieder, und Petrus wurde ganz traurig. Schließlich sangen sie Schlaflieder, und Petrus wurde ganz müde. Er schloß die Augen und schlief ein. Als die Engel gewiß waren, daß Petrus schlief, hörten sie auf zu singen. Heimlich banden sie den Schlüssel von seinem Gürtel ab, gingen zum großen Himmelstor und schlossen es auf. Schwupps waren sie draußen und machten das Tor auch wieder zu, so daß niemand etwas merkte.

Draußen ging das große Toben los. Von einer Wolke zur anderen ging die wilde Jagd. Plötzlich geschah es. Die Ausreißer hatten den Himmelsschlüssel neben das Tor auf eine Wolke gelegt. Jedenfalls stieß bei der Jagd aus Versehen ein Engel mit dem Fuß dagegen. Der Schlüssel kam ins Rutschen, rutschte immer tiefer in die Wolke hinein und fiel durch ein Loch hindurch und geradewegs auf die Erde. Damit das Pech vollkommen wurde, fiel der Schlüssel genau auf einen großen Felsen, wo er in tausend Stücke zersprang. Die Stücke flogen überall herum und fielen ins Gras. Die kleinen Engel bemerkten das Unglück. Sofort war aller Spaß vorbei. Betreten sahen sie sich an. Was sollten sie nur machen?

Mit hängenden Köpfen gingen sie wieder in den Himmel hinein, denn sie hatten gottlob das Tor nur angelehnt. Der alte Petrus schlief immer noch. Zaghaft weckten sie ihn. Petrus fuhr aus seinem Schlaf hoch. „Das war aber schön, wie ihr gesungen habt. Danke für die Freude und seid weiter so schön lieb." Sie aber waren halt nicht lieb gewesen.

Engel dürfen nicht lügen. Darum beschlossen sie, Petrus alles zu erzählen. Richtig schimpfen konnte er nicht. Schließlich war er eingeschlafen. Damit hatte er seinen Dienst vernachlässigt; das hatten sie sich zu Nutze gemacht. Also mußten sie es alle gemeinsam wieder gerade biegen, ohne daß der liebe Gott etwas davon mitbekam.

Gemeinsam schwebten sie hinunter zu dem Felsen, an dem das Unglück passiert war. Der Schlüssel war nicht zu sehen. Da sprach Petrus: „Himmelsschlüssel ich bitte dich, werde sichtbar jetzt für mich." Plötzlich sprossen überall auf der Wiese kleine gelbe Blumen hervor, und jede einzelne Blume hatte genau die Form des großen Himmelsschlüssels. Das war passiert, weil der Schlüssel in viele Teile zersprungen war.

Petrus pflückte eine der Blumen ab und liebkoste sie. Dabei flüsterte er ihr etwas zu. Dadurch wurde die kleine Blume wieder zum großen Himmelsschlüssel. Glücklich flogen die kleinen Engel mit Petrus wieder zum Himmel hinauf. Dort nahmen sie sich vor, in Zukunft doch lieber das zu machen, was verlangt wird, auch wenn es schwer fällt.

Die anderen Blümchen blieben alle auf der Wiese am Felsen. Von dort haben sie sich weiter ausgebreitet. Heute finden wir die Himmelsschlüssel nicht nur im Gebirge, sondern auch schon im Flachland. Dort sind sie von den Menschen angesiedelt worden.

Man kann die Himmelsschlüsselchen anschauen, aber sollte sie nicht abpflücken. Auch wenn sie liebkost werden, ein echter Himmelsschlüssel wird nicht daraus, denn keiner weiß, was Petrus dem Blümchen zugeflüstert hat.

Himmelsschlüssel (Primula auricula)

Das Gänseblümchen

Es war einmal ein armes, elternloses, aber wunderschönes Mädchen. Ein reicher Bauer hatte es in seinen Dienst genommen. Bei ihm mußte es tagaus, tagein, im Sommer und im Winter, bei jedem Wetter die Gänse hüten. Und der Bauer hatte davon eine beachtliche Zahl. Die Gänse mochten das Mädchen sehr; es war immer fröhlich, sang den Gänsen Lieder vor oder erzählte ihnen Geschichten. Es sprach aber auch von seinen Sorgen und von seinen Träumen. Die Gänse hörten zu und schnatterten, wie es Gänse halt zu tun pflegen. So fühlte sich das Mädchen von den Gänsen verstanden und war es zufrieden.

Eines Tages kam ein junger Prinz durch das Dorf geritten. Er hatte große Probleme, denn seine Eltern verlangten, er solle endlich eine Braut bringen und heiraten, wie sich das für einen Prinzen seines Alters gehörte.

Gänseblümchen
(Bellis perennis)

Aber er fand kein Mädchen, das ihm so gefiel, daß er es heiraten und ein Leben lang mit ihm zusammen bleiben wollte.

So ritt er tief in Gedanken versunken dahin, wohin ihn sein Pferd trug. Plötzlich blieb das Pferd stehen. Es fand sich von vielen laut schnatternden Gänsen umgeben und traute sich nicht mehr weiter.

Der Prinz schrak aus seinen Gedanken hoch und blickte dem Mädchen, das die Gänse hütete, mitten ins Gesicht. So viel Schönheit hatte er noch nie gesehen. Das Mädchen sah den Prinzen ebenfalls an, und er gefiel ihm sehr.

Lange schauten sie sich an. Das Mädchen errötete immer mehr, je mehr der Prinz es ansah. Und je mehr das Mädchen errötete, um so schöner wurde es. Der Prinz verliebte sich unsterblich in das Mädchen und fragte, ob es mit ihm kommen und seine Frau werden wolle. Das Mädchen wollte schon, aber der Abschied von seinen geliebten Gänsen fiel ihm sehr schwer.

Jede einzelne Gans wurde umarmt, gedrückt und geküßt. Voller Abschiedsschmerz weinten alle dicke Tränen. Dann nahm der Prinz das Mädchen auf sein Pferd und ritt mit ihm davon.

Doch die Gänse klagten und weinten immer weiter. Weil das Gejammer der Gänse immer fürchterlicher und lauter wurde, hörte es schließlich auch die Blumengöttin Flora. Um endlich wieder Ruhe zu haben und weil sie die Anhänglichkeit der Gänse freute, ließ sie überall dort, wo die Tränen der Gänse und des Mädchens auf die Erde gefallen waren, ein Blümchen wachsen, das so wunderschön wie das Mädchen war.

Diese Blume begleitet seitdem die Gänse durch das ganze Jahr. Sie blüht immer. Ganz gleich, ob der Frühling gerade die ersten wärmenden Strahlen über die Gänsewiese schickt, oder der Sommer den See erwärmt, der kühle Herbstwind weht oder der Winter die Wiese mit Schnee bedeckt. Das Gänseblümchen ist immer zu finden. Wer ihm ins Gesicht schaut, kann heute noch sehen, wie das Gänsemädchen damals errötete, als der Prinz es anschaute.

Aber Vorsicht ist geboten, falls gerade die Gänse auf der Wiese sind. Sie beschützen eifersüchtig ihr Gänseblümchen und gehen auf jeden mit lautem Zischen und weit aufgerissenem Schnabel los, der sich ihrer geliebten Blume nähert.

Die Botaniker haben dem Gänseblümchen oder auch Tausendschönchen den wissenschaftlichen Namen Bellis perennis gegeben, was übersetzt soviel heißt wie Immerwiederkehrendes Schönes.

Die Schafgarbe

Wer immer sich mit griechischen Sagen beschäftigt hat, ist auf den Namen Achill gestoßen. Dieser Achill oder Achilles war einer der strahlendsten Helden im Trojanischen Krieg, nach Meinung einiger Geschichtsschreiber der Held schlechthin.

Achilles war der Sohn des sterblichen Menschen Peleus und der unsterblichen Meeresgöttin Thetis. Um auch Achilles unsterblich zu machen, nahm ihn seine Mutter Thetis und tauchte ihn in das Wasser des Unterweltflusses Styx. Dabei hielt sie ihn an der Ferse fest, so daß diese kein Wasser abbekam. Das war später die einzige Stelle, an der Achilles verwundbar war. Das Geheimnis seiner verwundbaren Ferse kannte nur seine Mutter. Deswegen galt Achilles als unverwundbar.

Eines Tages beschlossen die Griechen, das reiche und unabhängige Troja zu erobern. Die Stadt galt als unbesiegbar, aber die Griechen wollten es trotzdem versuchen. Sie überredeten alle ihre Helden, am Krieg teilzunehmen. So zog auch Achilles, begleitet von Phoinix und Patroklos, in den Kampf.

Der Trojanische Krieg dauerte mehrere Jahre. Achilles besiegte viele Feinde, und sein Ruhm war in aller Munde. Doch eines Tages traf ihn ein Schwerthieb genau in die Ferse. Achilles sank zu Boden, weil er nicht mehr stehen konnte. Damit war er kampfunfähig. Was sollte er tun, um seine Verwundung rasch zu kurieren? Achilles entsann sich dessen, was ihn sein Lehrer, der Centaur Chiron, über die Kunst Wunden zu heilen, gelehrt hatte. „Bei den Schafen auf der Weide findest du ein Kraut, welches sie am liebsten fressen. Dieses Kraut mußt du dem Verletzten auf die Wunde legen." Achill ließ sich von seinen Freunden Schafkraut holen und legte es auf seine Wunde. Da Achilles ein Halbgott war, wirkte die Pflanze sofort. Binnen kürzester Zeit war die Ferse wieder zusammengewachsen und Achilles wieder kampfbereit.

So wurde das Schafkraut berühmt. Es bekam den Namen Achillea. Und weil seine Blätter so aussehen, als bestünden sie aus tausend kleinen Blättchen, erhielt sie noch den Beinamen „millefolium". Die Pflanze heißt also „Achillea millefolium", was zu deutsch etwa „Pflanze des Achill mit den tausend Blättern" heißt. Aber niemand nennt die Pflanze so, sondern weil sie so gern von den Schafen gefressen wird, nennt man sie Schafgarbe. Nur die Wissenschaftler nennen sie Achillea millefolium. Die Schafgarbe ist eine Heilpflanze. Sie wirkt entzündungshemmend und wundheilend. Wir finden ihre Bestandteile unter anderem in Hustentees, Hustenbonbons und in Wundsalben.

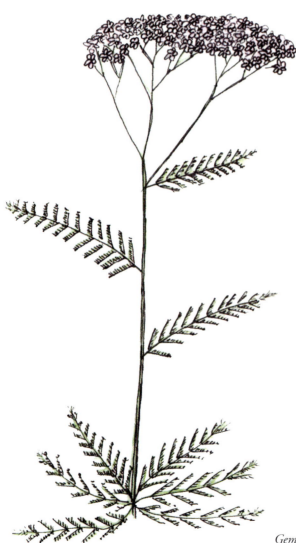

Doch zurück zu Achill: Nach seiner Heilung sprach sich natürlich herum, daß er an der Ferse verwundbar war. Das nutzte Paris, der Trojaner, und schoß Achill einen vergifteten Pfeil in seine Ferse. Daran starb der große Held.

Noch heute sagt man von eines Menschen empfindlichster Stelle, das ist seine Achillesferse. Und die dicke Sehne an den Beinen, die die Ferse mit der Wade verbindet, heißt Achillessehne.

Gemeine Schafgarbe   (Achillea millefolium)

Der Hasenklee

Ursprünglich hatten die Hasen und Kaninchen die Salzwiesen für sich allein. Sie konnten fressen, was sie wollten, ohne daß sie mit jemandem Probleme bekamen. Das änderte sich, als die Kühe in den Salzwiesen auftauchten. Sie waren viel größer und stärker als die Hasen, und deshalb verjagten sie sie überall.

Im oberen Teil der Wiesen wuchs wunderschöner Klee. Den hatten die Hasen und Kaninchen mit Vorliebe gefressen. Aber nun waren die Kühe aufgetaucht, und denen schmeckte der Klee auch vorzüglich. Da ging es los mit dem Streit. Jedesmal, wenn ein Hase sich gerade am Klee gütlich tun wollte, tauchte garantiert eine Kuh auf und brummte: „Verschwinde hier, das ist kein Hasenklee, sondern Kuhklee." Der Hase konnte noch so viel erzählen, daß die Hasen schließlich viel länger auf den Wiesen gelebt und immer diesen Klee gefressen hätten. Die Kuh hörte kaum zu, sondern muhte nur: „Das interessiert überhaupt nicht, jetzt sind wir jedenfalls hier, und nun ist es Kuhklee. Also hau ab."

Hasenklee (Trifolium arvense)

Alle Hasen und Kaninchen waren über das Verhalten der Kühe empört. Aber was sollten sie machen? Gegen die Kühe waren sie machtlos. Oder vielleicht doch nicht?

Die Hasen und Kaninchen trafen sich zu einem Gespräch. Jeder durfte seine Meinung sagen. Aber wie das so ist, die meisten klagten nur. Da trat Purzel in die Mitte. Er war allgemein bekannt als ein mutiger Hase. Er ließ einen Fuchs bis auf einen Meter an sich herankommen, bevor er aufsprang und davonraste. Das traute sich sonst niemand, nicht einmal Hänger, der so groß und stark war.

Alle lauschten gespannt, was Purzel wohl sagen würde. Er schaute sich im Kreise um und begann: „Liebe Freunde und Verwandte, ich schlage vor, daß wir eine Gesandtschaft an die Blumengöttin Flora schicken. Sie ist doch den Salzwiesenbewohnern wohl gesonnen und wird uns sicher helfen." Als das die Umsitzenden hörten, riefen sie: „Bravo!" und „Purzel soll die Gesandtschaft anführen!" So geschah es.

Die Blumengöttin hörte sich die Klagen der Hasen gegen die Kühe an. Natürlich war sie empört über deren unverschämtes Verhalten, aber was sollte sie machen. Der Streit würde nicht aufhören. Die Kühe würden weiter darauf beharren, daß es Kuhklee sei. Aber Flora wäre keine Göttin, wenn ihr nicht eine Lösung eingefallen wäre. „Also, ich schaffe für euch einen besonderen kleinen Klee. So unterscheidet er sich schon größenmäßig vom Kuhklee. Und damit er eindeutig als euer Hasenklee zu erkennen ist, bekommt er ein Hasenmerkmal." Erwartungsvoll schauten sie die Hasen an. Lächelnd bückte sich die Göttin, nahm Purzels Schwanz, verkleinerte ihn und hängte ihn an den Klee. Plötzlich hingen viele kleine Hasenschwänze am Klee. „So, nun ist es eindeutig Hasenklee, und keine Kuh soll ihn euch streitig machen." Mit diesen Worten verabschiedete Flora die Abordnung.

Seitdem findet man im oberen Teil der Salzwiesen, dort wo der trockene sandige Bereich ist, überall den Hasenklee. Jeder Betrachter wird ihn sofort an den vielen Hasenschwänzen erkennen.

Das Vergißmeinnicht

Zur alten Ritterszeit lebte ein Ritterfräulein, Myosotis geheißen, mit dem kühnen Ritter Reginald in Glück und Freuden auf ihrer kleinen Burg. Als eines Tages der Aufruf des Königs an alle mutigen und kühnen Ritter kam, in den Kampf gegen einen Feind zu ziehen, mußte sich auch der kühne Ritter Reginald rüsten. Traurig trennten sich die Liebenden. Sie schworen sich ewige Treue, und zum Abschied schenkte Myosotis ihrem Ritter ein Tüchlein in der Farbe ihrer Augen. Diese waren von strahlendem Blau. Sollte der Ritter aus dem Kampf siegreich nach Hause kehren, sollte ein Bote mit diesem Tüchlein vorauseilen, um die freudige Nachricht zu überbringen. Sollte der Ritter aber im Kampf fallen, dann würde ein Bote ihr die traurige Nachricht ebenfalls mit dem Tüchlein übermitteln.

Der Ritter befestigte das Tüchlein über seinem Herzen und ritt mit seinem Knappen davon. Der Krieg dauerte mehrere Jahre. Traurig und einsam saß Myosotis auf ihrer Burg und wartete sehnsüchtig auf die Heimkehr ihres Geliebten. Eines Tages blickte sie gerade wieder einmal voller Sehnsucht aus dem Fenster und war in Gedanken bei ihrem Reginald, da sah sie auf dem Weg zur Burg den Knappen angeritten kommen. Ihr Herz begann unruhig zu klopfen. Eilends lief sie ihm entgegen. Schon von weitem rief ihr der Knappe zu, daß der Ritter gesund und munter und in zwei Tagen bei ihr sei.

Myosotis war vor Freude überglücklich. Sie bereitete alles für den Empfang des Ritters vor und konnte vor freudiger Erregung nachts kaum schlafen. Gegen Morgen erhob sich ein gewaltiger Sturm mit viel Regen, der den ganzen Tag und die folgende Nacht hindurch anhielt. Es wurden viele Bäume entwurzelt. Einige stürzten in den nahegelegenen Fluß. Der wurde dadurch so angestaut, daß er über die Ufer trat und die ganze Gegend überschwemmte. Voller Angst und Unruhe machte sich Myosotis am nächsten Morgen auf, um ihrem Ritter entgegen zu gehen.

Als sie an den Fluß kam, sah sie ihn in der Ferne. Weil er sie ebenfalls sah, gab er seinem Pferd die Sporen. In diesem Moment riß der angeschwol-

Sumpf-Vergißmeinnicht   (*Myosotis palustris*)

lene Fluß die Brücke, die in dem sumpfig gewordenem Boden keinen Halt mehr hatte, mit sich fort. Fassungslos blickte Myosotis zu Reginald, der auf der anderen Uferseite angekommen war. Wie sollten sie nun zueinander kommen?

Myosotis rief ihm zu, er solle warten, bis sie von der Burg Hilfe geholt hätte, aber das dauerte Reginald zu lange. Er trieb sein Pferd an und stürzte sich in die Fluten. In der Flußmitte war die Strömung so gewaltig, daß das Pferd ermattete und versank. Der Ritter versuchte schwimmend das Ufer zu erreichen. Aber die schwere Ritterrüstung zog ihn in die Tiefe. Mit letzter Kraft reckte er sich noch einmal in die Höhe und rief seiner Geliebten zu: „Vergiß mein nicht!" Dann versank er in den Fluten.

Voller Trauer und Verzweiflung irrte Myosotis am sumpfigen Ufer umher. Schließlich verließen auch sie die Kräfte. Ermattet und bitterlich weinend sank sie nieder. Als ihre Leute sie fanden, stammelte sie immer nur: „Vergiß mein nicht". Sie weigerte sich auch, den Platz zu verlassen. Am nächsten Tag war sie verschwunden. Dafür wuchs an der Stelle ein Blümchen mit Blüten so blau und traurig wie die Augen von Myosotis. Und als die Leute das Blümchen fanden, nannten sie es Vergißmeinnicht, um damit immer an die Liebe von Myosotis und Reginald zu erinnern.

Noch heute blühen überall im Sumpfgebiet von Flüssen und Seen Vergißmeinnicht, und ihre Blütenfarbe erinnert an die blauen Augen der treuen Myosotis.

Die Sonnenblume

Sonnenblume   (Helianthus ànnuus)

Die Zwerge haben in ihren Gärten selbstverständlich nicht so große Blumen wie die Menschen, sondern viel kleinere, eben Zwergenblumen. Um solch eine Zwergenblume geht es in dieser Geschichte.

In einem Zwergengarten stand ein klitzekleines Blümelein. Es war mit seinem Zustand überhaupt nicht zufrieden. Den anderen Blumen sagte es immer: „Wißt ihr, ich bin zu Größerem geboren, als immer so zwergenhaft herumzustehen." Die anderen Blumen kicherten nur und antworteten mit: „Ja, ja, wir wissen es bereits." Dann schwieg das Blümchen beleidigt und dachte, wartet nur ab.

Eines Tages tauchte eine Fee bei den Zwergen auf. Als sie in den Garten kam, entdeckte sie das klitzekleine Blümelein. „Ach was bist du doch süß," rief die Fee bei seinem Anblick aus. Sie streichelte das Blümchen und sagte zu ihm: „Ich schenke dir drei Wünsche. Gehe sorgsam damit um und wünsche dir nichts Unmögliches." Dann verschwand sie.

Das Blümchen zitterte vor Freude und Aufregung mit allen seinen Blättern. „Mein erster Wunsch, ich möchte keine Zwergenblume mehr sein, sondern größer als ein Mensch werden," rief es aus. Die Menschen bestaunte es nämlich immer wegen ihrer gewaltigen Größe, vom Zwerg aus betrachtet. Da schoß das Blümchen in die Höhe und war plötzlich einen ganzen Meter größer als ein Mensch.

Eine Weile war es mit dem Erreichten zufrieden. Dann fand es, daß es Zeit war für den zweiten Wunsch. „Eigentlich sehe ich nach nichts aus. Langweilig wie die anderen Blumen. Ich möchte die Schönste sein. Ich möchte aussehen wie die Sonne." Und schon veränderte sich sein Aussehen. Im Blüteninnenkreis wurde es rund und gelb wie die Sonne. Außen herum bekam es lauter lange gelbe Zungenblüten, die aussahen wie die Strahlenzungen der Sonne. Glücklich rief die Blume aus: „Jetzt bin ich die allergrößte und allerschönste Blume. Ich sehe aus wie die Sonne."

Eine ganze Weile war die Blume nun zufrieden. Aber eines Tages wurde wieder die alte Unruhe in ihr wach. „Das kann doch noch nicht alles sein. Ich weiß doch, ich bin etwas Besseres." Ihr kam ein wahnwitziger Einfall. „Da ich sowieso wie die Sonne aussehe, möchte ich die Sonne sein." Auf einmal stand die Fee vor ihr. „Dieser Wunsch ist größenwahnsinnig. Wenn du nicht besser mit deinen Wünschen umgehen kannst, nehme ich dir alles wieder weg." Daraufhin weinte und flehte die Blume und versprach, sich zu bessern. „Gut," sagte die Fee, „dann bleibe wie du bist. Aber deine ewige Sehnsucht soll die Sonne bleiben. Du wirst sie in jeder Minute des Tages sehen, um immer daran erinnert zu werden, daß du bei all deiner Größe immer zu klein bist, um die Schönheit und Größe der Sonne zu erreichen." Damit verschwand die Fee wieder.

Die Sonnenblume aber steht an ihrem Fleck und dreht den ganzen Tag das Gesicht der Sonne zu. Damit sie das Gesicht immer hinterherdrehen und am nächsten Morgen zurück drehen kann, hat ihr die Fee ganz dicke Muskelstränge an den Halsstiel gegeben.

Als die Sonnenblume älter geworden war, wurde sie ruhiger. Sie gewöhnte es sich an, nicht nur hinter der Sonne herzuschauen und ihre Schönheit zu bewundern, sondern in den Strahlen der Sonne einen Sinn zu erkennen. Sie erkannte, daß die Sonne den Pflanzen, Tieren und Menschen hilft, leben zu können. Ohne Sonne gäbe es kein Leben auf der Erde. Daraus entstand ihr sehnlichster Wunsch, nicht nur schön wie die Sonne, sondern auch nützlich zu sein.

Die Sonnenblume rief ihren Wunsch in die Welt hinaus, und die Fee hörte ihn. „Da das ein sinnvoller und nützlicher Wunsch ist, und du noch einen Wunsch offen hast, will ich ihn dir erfüllen. Du sollst in Zukunft viele Samenfrüchte tragen, und Menschen und Tiere sollen sich davon ernähren können." Und so geschah es.

Bis auf den heutigen Tag sind die Samen der Sonnenblume, die Sonnenblumenkerne, ein wichtiges Nahrungsmittel für viele Tiere, denn sie sind sehr fetthaltig. Die Menschen essen entweder die Kerne, oder sie stellen aus ihnen Sonnenblumenöl oder Margarine her.

Der Frauenschuh

Frauenschuh   (Cypripedium calceolus)

Einst lebte auf ihrer Burg im schönen Thüringer Bergland eine vornehme Dame. Sie war schön von Angesicht und von Gestalt, und ihre Schönheit war landauf und landab in aller Munde. Sie tat auch alles, um ihre Schönheit überall zur Schau zu stellen. Kurz gesagt, sie war sehr eitel. Sobald sie irgendwo ein neues Kleidungsstück sah, mußte sie es haben. Hörte sie von einer neuen Mode, beauftragte sie sogleich ihren Schneider, für sie auch solche Kleider, Hüte oder was sonst auch immer zu nähen.

Einstmals erfuhr sie, daß im fernen Orient ein Schuhmacher so zauberhafte Schuhe herstelle, wie man sie noch nie zuvor gesehen habe. Sie waren vorne pantoffelförmig aufgebläht, und hinten hatten sie an beiden Seiten Bänder zum Festbinden des Schuhes am Fuß. Sie waren von wunderschöner Farbe und dazu so leicht, daß man sie am Fuße gar nicht spürte. Als die Dame von diesen Schuhen erfuhr, hatte sie keine Ruhe mehr. Sie mußte diese Schuhe unbedingt für ihren nächsten Burgball haben. Der war schon in einem Monat. So war Eile geboten.

Zur damaligen Zeit dauerte eine Reise in den Orient, selbst mit schnellen Pferden, monatelang. Endlich fielen ihr die Brieftauben ein. Deren hatte sie genug auf der Burg, um Nachrichten zu den anderen Burgen zu senden. Sie schrieb ihre Bestellungen auf ein dünnes Blatt, legte es in ein Röhrchen, verbarg es im Gefieder der Tauben und schickte sie auf die Reise in den Orient. Alles ging gut. Die Tauben kamen an, der Schuhmacher fertigte die zauberhaften Schuhe an. Dann nahmen die Tauben je einen Schuh in den Schnabel und flogen zurück zur Burg. Die Burgdame wartete schon sehnsüchtig, denn der Zeitpunkt des Burgballes rückte immer näher.

Voller Nervosität vertraute sie sich ihrer besten Freundin Cypria an. Damit aber erweckte sie deren Eifersucht und Ärger. Die hatte nämlich schon längst solche Schuhe. Ein Verehrer hatte sie ihr von einer Reise in den Orient mitgebracht. Ausgerechnet zum Ball wollte sie die Schuhe tragen, um endlich einmal etwas Schöneres anzuhaben als die Burgdame. Auch wenn es ihre Freundin war, das gönnte sie ihr nicht.

Sie ritt zu ihrer Burg zurück. Diese stand auf einem hohen Berg, von wo aus man weit ins Land sehen konnte. Sie nahm ihre Jagdfalken und stieg auf den hohen Turm der Burg. Dort wartete sie. Als die Tauben in der Ferne auftauchten, sah sie deutlich die wunderschönen Schuhe in ihren Schnäbeln leuchten. Cypria nahm den Falken die Kappen ab und warf sie in die Luft. Die Falken drehten eine Runde, entdeckten die Tauben und jagten pfeilschnell auf sie zu. Die Tauben versuchten zu entkommen, aber die Falken waren schon über ihnen. Die Schuhe fielen den Tauben aus den Schnäbeln, trudelten den Berg hinunter und verschwanden in einer Schlucht.

Aber welch ein Wunder: Plötzlich tauchten im Wald seltsame Blumen auf. An halbmeterlangen Stielen, weithin sichtbar, hing eine Blüte, die genauso aussah wie die Schuhe, welche die Burgdame hatte haben wollen. Es waren offenbar zauberhafte Schuhe gewesen.

Seitdem blühen nicht nur in Thüringen, sondern auch in den angrenzenden Bergländern diese Blumen. Sie werden Frauenschuh genannt und sind die auffälligsten und schönsten Orchideen Deutschlands. Ähneln sie nicht tatsächlich leichten Sommerschuhen? Vorn der Pantoffelteil und hinten die Bänder, womit der Schuh am Knöchel befestigt wird. Das Geheimnis um die der Herkunft dieser zauberhaften Blumen ist damit gelöst.

Der Löwenzahn

Löwenzahn   (Taraxacum officinale)

Hoch oben im Waldgebirge lag ein kleines Dorf, eingebettet zwischen hohen Bergen, gut geschützt vor Unwetter und Feinden. Am Dorfrand, zu den Felsen hin, erstreckte sich eine große Wiese. Gleich dahinter begannen die Felsen himmelhoch aufzuragen. In den Felsen waren überall Höhleneingänge zu sehen.

Die Bewohner des Dorfes gehörten zum Volk der Zwerge. Sie waren entsprechend kleinwüchsig, aber trotzdem stark und außerordentlich fleißig. Alle Häuser waren sauber und gepflegt. Ebenso ordentlich sahen die Gärten aus. Vor den Häusern waren die buntesten Blumengärten, und hinter den Häusern waren die Beete mit dem Gemüse zu sehen. Überall begegnete man freundlichen Zwergen. Alle hatten ein nettes Wort für einander. Es machte Spaß, in diesem Dorf zu leben.

Das ganze Gegenteil war das Dorf der Gnome. Sie hatten sich erst kürzlich im Waldgebirge angesiedelt. Ihr Dorf lag hundert Täler weiter unten im Talgebiet des Waldgebirges Die Gnome waren ein zänkisches und räuberisches Volk mit häßlichen, unfreundlichen Gesichtern. Niemand mochte sie. Ja sie konnten sich nicht einmal untereinander leiden. Deshalb halfen sie sich auch nicht gegenseitig, und so sah das Dorf auch aus. Die Häuser waren in liederlichem Zustand, von Gärten gar nicht zu reden. Vor Unkraut waren keine Blumen und kaum Gemüse zu sehen. Aber wenn es darum ging, auf Raubzug zu gehen, waren sich plötzlich alle einig. Sie waren Diebe und versuchten immer wieder von anderer Leute Arbeit zu leben. Wenn sie es in einer Gegend gar zu arg trieben, taten sich die anderen Bewohner der Gegend zusammen und verjagten sie. Diesmal hatten sie sich unbemerkt in der Nähe des Zwergendorfes angesiedelt.

Die Zwerge hatten ja auch genug in ihrem Tal zu tun. Die Frauen in Zwergendorf kümmerten sich um Haus und Garten, während die Männer im Berg arbeiteten. Sie gruben dort nach Gold und Silber. Diese edlen Metalle waren die Grundlage ihres Handels. Dieses Gold war viel schöner und reiner, als Gold es sonst war. Es glänzte und strahlte mit der Sonne um die Wette. Deshalb war es sehr begehrt. Die Zwerge behandelten das Gold aber auch auf eine geheimnisvolle Weise. Zunächst brachten sie das Gold mit dem Gestein aus dem Berg und schmolzen es anschließend aus dem Gestein heraus. Dann füllten sie das noch flüssige Gold in kleine Schalen und stellten es auf der Wiese in die Sonne. Diese Sonnenwiese wurde von einigen Wiesenelfen bewohnt, die ganz entzückt von dem Gold waren und überall Sonnenstaub darüber streuten. Stand das Gold dann einige Wochen auf der Wiese in der Sonne, hatte es diesen besonderen Sonnenglanz angenommen, der es so begehrt machte. Die Wiese wurde den Fremden nicht gezeigt, um keinen Neid zu wecken.

Nun streiften die Gnome überall durch die Berge und Täler, immer auf der Suche nach etwas zum Stehlen. Sie kamen rein zufällig auch in das Zwergendorf. Dort entdeckten sie natürlich bald, daß es den Zwergen gut ging, und fragten sich warum. Von Händlern hörten sie von dem Gold mit dem Sonnenglanz. Daraufhin schlichen sie heimlich überall in der Gegend herum und entdeckten schließlich die Wiese mit dem Gold in den Schalen. Am Tage war die Wiese ständig von Zwergen und Elfen begangen, so daß ihr Raub sofort aufgefallen wäre. Also warteten sie bis zur Dunkelheit, gingen auf die Wiese und stahlen das Gold aus den Schüsseln.

Wer beschreibt das Entsetzen der Zwerge, als sie am nächsten Morgen den Verlust des Goldes bemerkten. Um herauszubekommen, wer die Diebe waren, schickten sie sofort ihre besten Spurenleser und Jäger aus, die der Fährte folgten und so zum Lager der Gnome gelangten. Diese fühlten sich vollkommen sicher und freuten sich lauthals über den gelungenen Raubzug. Die Spurenleser kehrten zurück, um die Stärksten zu holen. Zurück am Gnomenlager erfuhren sie, daß die Gnome den Raub kräftig begossen hatten und nun ihren Rausch ausschliefen. Die Zwerge umzingelten das Lager und fielen auf ein Kommando über sie her. Bevor die Gnome erkannten, was geschah, waren sie gefesselt, und die Zwerge hatten ihr Gold wieder. Anschließend verpaßten sie den Gnomen eine tüchtige Tracht Prügel und jagten sie davon.

Aber was einmal passiert war, konnte immer wieder passieren. Deshalb mußten die Zwerge etwas erfinden, um das Gold in Zukunft vor Dieben zu sichern und trotzdem auf der Wiese aufbewahren zu können. Und so entwickelten ihre Erfinder Schalen auf Stielen, die sich bei Sonnenuntergang schlossen, so daß das darin aufbewahrte Gold nachts nicht zu sehen war. Morgens mit Sonnenaufgang öffneten sich die Schalen, und das Gold konnte den Sonnenglanz aufnehmen. Rings um die Stiele der Schalen bauten sie noch gefährliche Fallen, mit großen scharfkantigen Zähnen. Sollte des Nachts trotz aller Maßnahmen jemand dem Gold zu nahe kommen, würden die Fallen unerbittlich zuschnappen.

Die Gnome wollten die Niederlage nicht auf sich sitzen lassen und beschlossen deshalb eines Nachts, nachdem sie sich Mut angetrunken hatten, es noch einmal zu versuchen. Vorsichtig schlichen sie sich auf die nachtdunkle Wiese. Sie sahen die Ständer mit den Schalen, aber es war kein Gold zu sehen. Neugierig schlichen sie näher. Plötzlich schrie der Vorderste auf. Er war in die Falle getreten. Löwenzähne gruben sich tief in sein Bein ein. Vor Schreck traten die anderen zurück, ohne darauf zu achten, wohin. Und schon schrien auch sie, da sie ebenfalls in die Fallen mit den Löwenzähnen geraten waren. Die Zwerge hatten das Geschrei gehört und waren mit Fackeln und Waffen herbei geeilt. Die Gnome wurden gefangen genommen und dem König vorgeführt. Dieser verurteilte sie und ließ sie erst frei, als sie gelobten, das Land auf Nimmerwiedersehen zu verlassen. Die Gnome wurden nie wieder gesehen.

Die Zwerge machten noch ein paar Jahre weiter. Dann war alles Gold aus dem Berg geschürft, und sie zogen in eine andere Gegend. Die Schalen auf den Ständern mit den Fallen ließen sie zurück. Ja, sie taten in jede noch etwas Gold. Anschließend breiteten die Wiesenelfen ihren Feenzauber darüber, und aus den Schalen wurden Blumen.

Als die Menschen diese Blumen mit den Blättern entdeckten, deren Ränder scharf gezackt sind, nannten sie diese Pflanzen Löwenzahn. Übrigens, die Vorrichtung funktioniert bis auf den heutigen Tag. Wenn die Sonne scheint, sind die Blütenschalen mit dem Gold weit geöffnet. Wenn die Sonne verschwindet, schließen sich die Schalen, und kein Gold ist mehr zu sehen.

Die Wegmalve

Schon von Kindheit an liebten sich Malva und Romo, die beiden Wiesenelfenkinder. Malva wuchs zu einem wunderschönen jungen Mädchen heran, und Romo wurde ein kräftiger Bursche. Es wurde Zeit, einen Beruf zu erlernen. So entschloß er sich, ebenso wie sein Vater und davor schon sein Großvater, Konditor zu werden. Das war ein angesehener Beruf, zumal die Elfen gerne feierten und dabei Torten in großen Mengen verzehrten. Und er wurde Konditor.

Malvas Vater Tolk sah wohlgefällig zu, wie seine Tochter immer schöner wurde. Sie ist geschaffen, einen Elfenfürsten zu heiraten, dachte er jedesmal, wenn er sie anschaute. Dieser Gedanke setzte sich so sehr in ihm fest, daß er gar nicht merkte, wie aus der Kinderliebe von Malva und Romo inzwischen eine ernsthafte Liebe geworden war. So fiel er aus allen Wolken, als ihn eines Tages Romo um die Hand seiner Tochter bat.

„Du willst meine Tochter heiraten?" rief er entsetzt, „sie soll doch einen Fürsten heiraten und keinen Konditor." „Aber wir lieben uns schon seit langem, und jetzt sind wir alt genug und wollen heiraten," erwiderte Romo, und Malva pflichtete ihm bei. Tolk blieb starrköpfig: „Meine Tochter soll nur einen Fürsten heiraten."

Da brach große Trauer bei den Liebenden aus. Wie konnten sie Malvas Vater umstimmen? Sie überlegten lange, bis Romo einen Einfall hatte. Er lief zum König der Elfen und erklärte ihm, daß er ein Fürst werden müßte, weil er sonst seine geliebte Malva nicht zur Frau bekommen würde. Der Elfenkönig überlegte lange. Dann wußte er Rat: „Du mußt alle Elfen von deinem Können überzeugen, dann werden sie zustimmen, daß du ein Fürst wirst."

Romo ging zurück in seine Konditorei und bedachte sich, als eine Elfenfee zu ihm in die Backstube trat: „Ich bin Amie, die Fee aller Liebenden. Ich kenne deine Not und werde dir helfen. Du wirst jetzt mehr Torten backen, als das Elfenvolk aufessen kann." Und er fing an, Torten zu backen. Er backte und backte. Bald war die Backstube und dann die gesamte Konditorei mit Torten angefüllt. Aber Romo backte weiter. Er stellte draußen auf

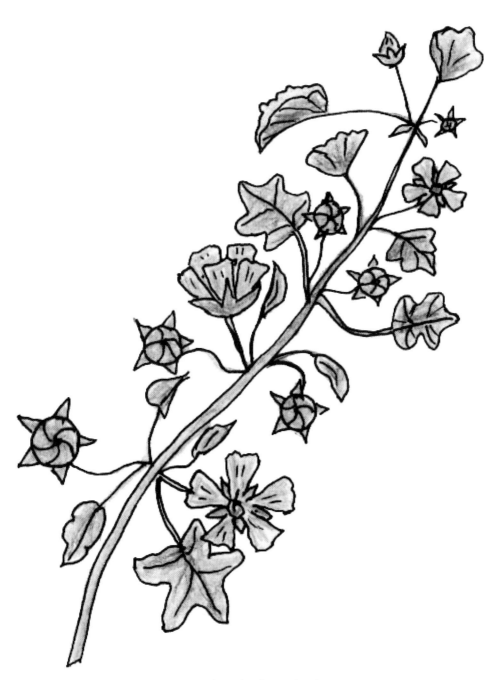

Wegmalve   (Malva neglecta)

dem Weg überall Ständer mit Konsolen auf, darauf kamen die nächsten Torten. Das ging immer so weiter. Schließlich standen überall an den Wegen quer durch das Dorf der Elfen die Ständer mit den Torten. So etwas hatten die Elfen noch nie erlebt. Einen Konditor, der soviel Torten auf einmal backen konnte, kannten sie bisher noch nicht. Also zogen die Elfen zum König und verlangten: „Großer Elfenkönig Hamar, wir haben noch nie solch einen Konditor erlebt wie Romo. Deshalb sind alle Elfen der Meinung, daß Romo zum Konditorfürsten ernannt werden sollte." Der König stimmte dem Ersuchen zu. Romo wurde geholt und feierlich zum Fürsten der Konditoren ernannt.

Nun konnte Tolk keine Einwände mehr gegen eine Heirat seiner Tochter mit Fürst Romo vorbringen. Die Beiden wurden getraut, und anschließend feierten alle Elfen aus dem Dorf und der weiteren Umgegend. Torten dazu waren mehr als genug da. Es wurde gegessen und gegessen. Aber die Torten wurden nicht alle. Man hatte den Eindruck, daß es statt weniger immer mehr wurden. Das war der Feenzauber.

Schließlich waren alle so pudelsatt, daß sie nichts mehr essen konnten. Schade um die vielen Torten. Man müßte sie aufheben können, aber wie? Da kam die Fee, die alles miterlebt hatte, und sagte ihren Zauberspruch:

„Alle sind vom Essen satt,
keiner will mehr Torten sehen,
darum soll'n an Torten statt,
Tortenblumen jetzt am Wege stehen."

Dann verdrehte sie die Hände zu einer seltsamen Form und streute Feenstaub über die Torten. Die Tortenständer verwandelten sich in Pflanzen mit lauter kleinen Blattkonsolen. Auf diesen lagen die winzigen Torten. Sogar die Schnittstellen für die einzelnen Stücke waren noch zu sehen.

Diese Tortenblumen gibt es heute noch. Sie stehen überall am Wegesrand und werden nach der Geliebten und späteren Frau von Romo, Malven genannt.

Auf den Dörfern findet man sie am Wegesrand, die Wegmalve. Ihre Früchte sehen aus wie kleine Torten, und wenn sie abgewaschen werden, kann man sie sogar essen.

Salzwiesengeschichten

Die Salzwiesen am Wattenmeer der friesischen Nordseeküste sind von außerordentlichem Reiz. Viele Pflanzen können nur dort gedeihen, weil andere Pflanzen, die sie im Binnenland überall verdrängen, dort nicht gedeihen können. Das Meer überschwemmt die Wiesen dieser Region zweihundert bis vierhundert Mal im Jahr. Dadurch ist der Boden sehr salzhaltig. Normalerweise bringt Salz die Pflanzen um, es sei denn, sie haben eine Möglichkeit gefunden, mit dem Salz fertig zu werden. Dann gedeihen sie in diesen Wiesen.

Aber die Salzwiesen sind auch sehr geheimnisvolle Wiesen. Wer sich in der Mittagshitze oder bei Sonnenuntergang allein dorthin begibt und noch eine entsprechend empfängliche Seele hat, wem die Großstadt noch nicht alles Naturahnen zerstört hat, der trifft dort noch die geheimnisvolle Welt der Pucks und Klabauter, der Erdmännlein, aber auch der Meermänner und Meerweibchen.

Sitzt man irgendwo mitten in der Salzwiese und ist empfänglich für die Geräusche der Natur, hört man nach einer Weile um sich her ein Wispern und Gehusche. Dort unter dem Grasbüschel blitzt es rot oder weiß auf, da an der anderen Ecke wieder eine Bewegung, da hört man ein Quarren und dort ein Flöten, hier ein Piepsen und dort ein Rascheln. Kurzum, die Salzwiese ist von Leben erfüllt, und man erfährt so allerlei.

Das Tausendgüldenkraut

Einst kam ein reicher Holländer in die friesischen Salzwiesen. Er war so angetan von ihrer herben Schönheit, daß er spontan beschloß, die Wiesen zu kaufen. Aber an wen sollte er sich wenden? Er stellte sich also mitten in die Salzwiesen und rief mit lauter Stimme: „Ich will die Salzwiesen kaufen, denn ich will sie ganz für mich alleine haben."

Ringsum wurde es plötzlich ganz still. Es war, als ob die ganze Salzwiese mit all ihren Bewohnern den Atem anhielte. Der Holländer rief noch einmal: „Ich will die Salzwiesen kaufen!" Da hörte er ein Gewisper und Gekicher. Dann rief ein Chor feiner Stimmchen: „Unsere Salzwiesen kann niemand kaufen, denn sie gehören niemandem." Das hatte der Holländer nicht erwartet. Er besaß viele goldene holländische Gulden und hatte bisher immer alles dafür kaufen können, was er wollte. Und nun das hier. So etwas hatte er noch nicht erlebt.

Noch einmal rief er: „Ich habe genug Geld, ich will die Salzwiesen kaufen!" Aber als Antwort erhielt er nur ein höhnisches Gekicher. Dadurch wurde der Holländer furchtbar wütend. Er riß seinen Geldbeutel heraus, griff hinein, zog eine Handvoll Goldstücke heraus und schleuderte sie in die Salzwiese und anschließend noch eine zweite und eine dritte, solange bis der Beutel leer war. Dazu schrie er lauthals: „Hier, ich bezahle tausend Gulden, und nun sind alle Salzwiesen mein!"

Tausend Gulden. Tausend goldene Gulden lagen auf der Salzwiese herum. Ringsum war es totenstill. Sogar der nimmermüde Wind hatte vor Schreck den Atem angehalten. Plötzlich, hast du nicht gesehen, war alles Gold verschwunden. Tausend Gulden waren im Salzwiesenboden verschwunden. Der Holländer glaubte seinen Augen nicht zu trauen: „Meine tausend Gulden, wo sind sie hin?"

Mit der Wiese ging eine seltsame Veränderung vor. Überall da, wo die Gulden in der Wiese gelegen hatten, tauchten kleine rote Blumen auf, und inmitten einer jeden roten Blüte leuchtete ein wenig Gelb wie Gold. Das war für den Holländer zu viel. Entsetzt rannte er davon, so schnell er konnte, und ward nie mehr gesehen.

Die Blume blüht seitdem auf den Salzwiesen und wird Tausendgüldenkraut genannt. Wer genau hinschaut, kann noch heute etwas von dem Gold des Holländers in jeder Blüte entdecken.

Aber nicht daß jemand auf die Idee kommt, eventuell ein Tausendgüldenkraut abzupflücken und mit nach Hause zu nehmen. Es sollten immer alle daran denken, die Salzwiesen gehören allen, also darf sich niemand einfach etwas mitnehmen.

Tausengüldenkraut   (Centaurium vulgare)

Der Strandflieder

Das Wattenmeer ist vor gar nicht langer Zeit entstanden. Vorher war dort festes Land, und man konnte zu Fuß bis nach England laufen. Dann stieg der Meeresspiegel immer höher, und die flachen Landesteile wurden überflutet. So bildete sich das Wattenmeer mit Ebbe und Flut. Bei Ebbe lief das Wasser ab, bei Flut war es wieder da. Manchmal kam die Flut ganz ruhig, und manchmal, wenn der Sturmwind wehte, kam sie ganz heftig. Wenn sie heftig kam, brachte sie Wattboden mit und spülte ihn auf. Der aufgespülte Boden blieb liegen. Kam die nächste heftige Flut, wurde noch mehr Wattboden aufgespült. So entstand allmählich eine neue Fläche Land. Auf dieser Fläche versuchten sich auch Pflanzen anzusiedeln. Sie mußten aber damit leben können, daß ihr Standort immer erneut vom Salzwasser überspült wurde.

Von den Pflanzengruppen die in vielen Arten auf dem Festland vorkamen, brauchte sich also nur eine Art zu verändern, schon konnte sie auf dem angespülten Wattenmeerboden wachsen. Bei den Melden gibt es den Guten Heinrich. Er wächst überall im Dorf, wenn der Boden nährstoffreich ist. Die Spießmelde sieht fast genauso aus, hat aber auf der Blattunterseite Härchen, wo sie das aufgenommene Salz ablagern kann. Sind diese voll, brechen sie ab, und die Spießmelde ist das Salz los. Wegeriche gibt es in verschiedenen Arten. Der eine hat seine Blätter zu langen Rinnen werden lassen. In diesen Rinnen lagert er das Salz ab, und der Regen spült es fort. Das ist der Strandwegerich.

Eines Tages erfuhr Flora, die Göttin der Blumen, von diesem neu entstandenen Gebiet, in dem sich Pflanzen ohne ihre Hilfe angesiedelt hatten. Sie beschloß, sich das einmal näher anzusehen. Also machte sie sich auf den Weg in die friesischen Salzwiesen. Wie staunte sie über den Erfindungsreichtum ihrer Pflanzen. Zu allen fand sie die Verwandtschaft auf dem Festland. Die Spießmelde gehörte zu den vielen Meldearten, der Strandwegerich zu den Wegericharten, die Salzaster zu den anderen Asternarten, der Strandbeifuß zu den Beifußarten und so weiter.

Plötzlich entdeckte sie eine kleine Pflanze, die mitten in der Salzwiese stand und recht traurig aussah. „Wer bist du denn, hast du keine Verwandten, und warum hast du keine ordentliche Farbe, du Mickerblümchen?" fragte die Göttin Flora. Die Blume begann zu schluchzen: „Ich weiß selber nicht, wer ich bin und wo ich herkomme. Verwandte kenne ich auch nicht." „Da muß ich dir unbedingt helfen. Das ist ja nicht mit anzusehen, wie jämmerlich du aussiehst," antwortete die Göttin. Hoffnungsvoll schaute das Mickerblümchen zu ihr auf: „Du willst mir wirklich helfen?" Lächelnd antwortete Flora: „Aber ja, was hast du denn für Wünsche?" Da sprudelten die Worte förmlich aus dem Blümchen heraus: „Also zuerst möchte ich nicht mehr so alleine stehen, sondern um mich herum müßten viele wie ich sein. Aber ein bißchen müßten wir uns schon voneinander unterscheiden." „Das geht zu machen," meinte die Göttin, „aber deine Erscheinung und deine Farbe müssen sich auch verändern."

Nun schaute das Blümchen schon wieder unglücklich aus. „Guck bloß nicht so, wie gefällt dir denn der Flieder? Der hat so schön unterschiedliche Farbtöne und blüht so kräftig." „Natürlich blüht er schön, aber doch nur kurze Zeit. Das gefällt mir nicht," antwortete das Blümchen. „Das läßt sich ja bei dir ändern," versprach die Göttin, „also was ist nun?" „Einverstanden und wie soll ich heißen? Mickerblümchen ist ja wohl nicht das Richtige." „Wart es ab, du wirst schon sehen," gab die Göttin zurück und begann mit ihrem Werk.

Zunächst bekam die Pflanze einen kräftigen, längeren Stengel, dann viele Fliederblüten. Anschließend klatschte die Göttin in die Hände, und so wurden aus der einen Blume überall lilafarbene Blumenbüschel. Und wenn man genau hinsieht, kann man entdecken, daß die Farben alle ein ganz klein wenig voneinander abweichen.

Zufrieden betrachtete die Blumengöttin ihr Werk. „So, du stattlicher Strandflieder, nun siehst du gut aus; und damit es lange so bleibt, sollst du nicht wie die anderen Pflanzen rasch abblühen und sterben, sondern auch im trockenen Zustand noch lange erhalten bleiben." Dankbar und überglücklich reichte der Strandflieder der Blumengöttin zum Abschied das Blatt, denn eine Hand hat er ja nicht. Vorsichtig faßte die Göttin an die Blattspitze und drückte sie ein wenig. „Schon gut und halte dich tapfer," damit verschwand sie wieder.

Wer die Geschichte nicht glaubt, braucht nur in die Salzwiesen zu gehen und sich den Strandflieder anzusehen. Jede kleine Blüte sieht aus wie eine winzige Fliederblüte, und die Farben stimmen auch. Die Stelle vorn am Blatt, wo die Göttin angefaßt hat, ist immer noch spitz zusammengedrückt. Und trotz aller Sturmfluten hat sich der Strandflieder bis heute gehalten. Selbst im Winter, wenn von den großen Salzastern kaum noch etwas zu sehen ist, findet man den trockenen Strandflieder mitten in den Salzwiesen.

Strandflieder (Limenium vulgare)

Der Meerdreizack

Es gab einmal einen Meermann mit dem schönen Namen Jan Tormentill. Dieser Meermann hatte auch eine Meerfrau, mit der er schon viele Jahre verheiratet war. Die Frau hieß Freja Tormentill. Da sie nicht nur älter, sondern auch immer dicker und häßlicher wurde, schaute sich Jan nach jüngeren Meerweibchen um. Aber bei ihnen hatte er kein Glück, weil sich das im Meer zu schnell herumgesprochen hätte. Darum beschloß er, sein Glück bei den Menschen zu versuchen. Aber welches Menschenmädchen will schon einen etwas älteren Meermann mit Flossenfüßen, grünen langen Borstenhaaren, spitzen Zähnen, Schwimmhäuten zwischen den Fingern und dazu noch einem dicken Bauch.

Gerade noch rechtzeitig vor seinem Landgang fiel ihm der Zauberdreizack ein, den er vor vielen Jahren von seinem Ururgroßvater geerbt hatte. Rasch kramte er ihn aus seinem Versteck hervor, schwamm mit ihm an Land, in der Nähe eines Dorfes, von dem er wußte, daß dort viele hübsche Mädchen wohnten. Er stieg aus dem Meer und ging zu einem Gebüsch am Ufer. Mit Hilfe des Zauberdreizacks verwandelte er sich in einen Menschenjüngling. Dergestalt ging er in das Dorf. Die Mädchen liefen dem hübschen Jüngling nach, und es fiel ihm nicht schwer, sich ein Mädchen auszusuchen, in das er sich verlieben konnte. Sie bildeten ein hübsches Paar, und niemand kam auf die Idee, daß etwas mit ihm nicht stimmen könnte.

Jan konnte aber nie allzulange an Land bleiben. Meermänner müssen nach ein paar Stunden wieder ins Wasser, sonst trocknen sie aus. Dem Mädchen gefiel es zwar nicht, daß ihr Jüngling immer wieder verschwand, aber er wußte eine gute Begründung, und am nächsten Tag war er ja wieder da. So ging es eine ganze Weile.

Allmählich fiel es Freja auf, daß Jan sich zu Hause um nichts mehr kümmerte und dauernd weg war. Also beschloß sie, der Sache auf den Grund zu gehen. Als Jan das nächste Mal verschwand, schwamm sie heimlich hinterher. Sie beobachtete, wie er an Land stieg, ins Gebüsch ging und als schöner Jüngling daraus hervorkam. Im Dorf lief ihm ein junges Mädchen entgegen, fiel ihm um den Hals und küßte ihn. Nun wußte Freja, was los war. Sie überlegte, was sie dagegen unternehmen könnte. Zunächst ging sie in das Gebüsch. Dort entdeckte sie den Zauberdreizack. Sie nahm ihn in die Hand und dachte darüber nach, wie er auf Nimmerwiedersehen verschwinden könnte.

Bloß gut, daß alle Meerfrauen etwas zaubern können. Das wird stets von der Mutter auf die Töchter vererbt. So konnte auch Freja ein wenig zaubern. Also tat sie folgenden Zauberspruch: „Jan Tormentill ick torück hebben will, in min Hus (Haus) un min Back (Küche), drum verschwinde auf immer du Zauberdreizack." Aber wohin sollte der Zauber dreizack verschwinden? Sie tat einen zweiten Spruch: „Dreimal dufte Pastinack, du wirst zur Pflanze Meerdreizack." Damit war der Zauberdreizack verschwunden. Stattdessen wuchs plötzlich am Strand eine Pflanze, wie man sie bisher noch nie gesehen hatte. Schmale, lange, grüne, dickfleischige Stiele, an deren oberen Enden links und rechts sich kleine Zacken befanden, standen in dicken Büscheln da. Umrahmt werden sie von langrinnigen Blättern. Diese Pflanze heißt bis heute Meerdreizack.

Was aber ist aus Jan Tormentill geworden? In dem Moment, als der Zauberdreizack nicht mehr existierte, endete seine Verwandlung. Das Mädchen bekam einen fürchterlichen Schrecken, als es sich plötzlich in den Armen eines alten Wassermannes wiederfand. Schreiend lief es davon. Jan Tormentill watschelte auf seinen Flossenfüßen zum Meer zurück und schwamm nach Hause. Freja empfing ihn, als sei nichts geschehen, und Jan hütete sich, etwas zu sagen.

Das Mädchen erzählte sein Erlebnis weiter. Seitdem wissen alle Friesenmädchen, daß man sich vor hübschen Jünglingen, die plötzlich auftauchen und dann immer wieder verschwinden, hüten muß. Vielleicht sind es verwandelte Wassermänner.

Meerdreizack   (Triglochin maritima)

Die Hauhechel

Seit alten Zeiten war es üblich, daß sich Schafhirten und Unterirdische (so nannte man in Friesland die Zwerge, weil sie unter der Erde in Höhlen ihre Wohnungen hatten) gegenseitig halfen. Die Zwerge sorgten dafür, daß die Weiden für die Schafe in Ordnung waren. Sie säten schmackhafte Kräuter aus oder pflanzten sie an. Sie taten alles, daß die Pflanzen immer genügend Wasser und gut gedüngten Boden hatten, und lockerten die Erde auf. Kurzum, sie sorgten dafür, daß die Pflanzen gut gediehen und schmackhaft waren, so wie die Schafe es mochten. Dementsprechend gern fraßen die Schafe die Kräuter. Sie gediehen dabei prächtig. Sie bekamen ein festes Fleisch, gute Wolle und gaben reichlich Milch.

Aber die Unterirdischen taten noch mehr. Sie hielten die Weide frei von Gefahren. Wenn zum Beispiel ein Loch im Boden war, in das die Schafe hineintreten und sich verletzen konnten, machten sie dieses Loch zu. Oder wenn Dinge umher lagen, an denen Schafe zu Schaden kommen könnten, räumten sie diese weg. Da die Hirten wußten, daß sie das alles den Unterirdischen zu verdanken hatten, zeigten sie sich ihnen gegenüber entsprechend dankbar. Sie stellten ihnen nach jedem Melken eine kleine Kanne mit Schafsmilch hin. Wurde ein Schaf geschlachtet, bekamen sie ihren Anteil an Fleisch. Wenn die Schafe geschoren wurden, bekamen die Unterirdischen selbstverständlich auch von der Schafwolle.

So ging es den Schäfern gut, weil sie prachtvolle, gesunde Schafe hatten und mit ihnen gutes Geld verdienten. Den Zwergen ging es ebenfalls gut, weil sie immer mit versorgt wurden. Das wäre sicher immer so weiter gegangen, wenn nicht eines Tages fremde Hirten aufgetaucht wären. Sie lachten über das, was ihnen die alten Hirten rieten. Sie würden doch nicht ihre gute Milch, ihr gutes Fleisch und ihre gute Schafwolle irgendwelchen Zwergen geben, die angeblich unter der Erde wohnten.

Von da an erhielten die Unterirdischen nichts mehr. Das brachte sie in Bedrängnis. Milch konnten sie sich noch heimlich besorgen. Aber wie kamen sie an Wolle heran? Sie überlegten hin und her, bis ihnen eine Idee kam.

Dornige Hauheckel   (Ononis spinosa)

Überall auf der Wiese wuchs eine Pflanze, die von den Schafen gern gefressen wurde. Das war die Hauhechel. Es war eine harmlose Pflanze mit hübschen Fiederblättern und wunderschönen rosa Blüten, die an Schmetterlinge erinnerten. An den Stiel dieser Hauhechel brachten sie lange Dornen an, die sie sich von den Dornenbüschen besorgt hatten.

Die Schafe liefen über die Weide, um von den Pflanzen, auch von der Hauhechel, zu fressen. Dabei blieb jedesmal etwas von ihrer Wolle an den Dornen der Hauhechel hängen. Nachts holten sich die Unterirdischen diese Wolle. Auf diese Art versorgten sie sich weiter reichlich mit Wolle.

Um die Schafweiden kümmerten sich die Zwerge nicht mehr. Dementsprechend begannen diese auszutrocknen. Die Nährstoffe wurden immer weniger, und ein nahrhaftes Kraut nach dem anderen verschwand von der Weide. Übrig blieben nur Pflanzen, die mit dem karg gewordenen Boden auskamen. Zu diesen gehörten die Dornige Hauhechel, Hasenklee, Schafschwingel und andere.

Entsprechend übel erging es den Schafen. Sie fraßen nicht mehr gut und magerten ab, die Wolle wurde schlecht, und niemand wollte mehr die Schafe haben. Nun erst merkten die Hirten, welchen Fehler sie gemacht hatten, es mit den Unterirdischen zu verderben. Gern hätten sie es wieder rückgängig gemacht. Aber nun war es zu spät. Die Unterirdischen waren längst weggezogen, in eine Gegend, wo Hirten noch ihren Wert zu schätzen wußten.

Zurück blieben die trockenen, sandigen Weideflächen und zur mahnenden Erinnerung die Dornige Hauhechel. Da ist sie heute noch zu finden.

Das Hirtentäschelkraut

In alter Zeit gab es im gesamten Mittelmeerraum große Schafherden, die von Hirten betreut wurden. So ein Hirte mußte sich um alles kümmern, was die Schafe betraf. Er mußte sie auf die besten Weideflächen führen. Er mußte sie vor Wölfen, Bären und Räubern schützen. Dazu mußte er gut mit seinem langen Stock umgehen können, der zur Abwehr diente, aber gleichzeitig zum Einfangen der Schafe. Dazu war er vorn an der Spitze zum Haken gebogen. Der Hirte mußte die Schafe einfangen, wenn an den Füßen die Klauen zu lang waren und abgeschnitten werden mußten. Manchmal waren Schafe krank, und der Hirt mußte sie behandeln. Er war nämlich immer gleichzeitig auch der Tierarzt. Da er viele Heilkräuter kannte, die Tieren und Menschen bei Krankheiten halfen, galt er oft auch als Menschenarzt.

Die Hirten waren angesehene Leute, und manche späteren Berühmtheiten waren in ihrer Jugend Hirten, so zum Beispiel Odysseus oder König David. Die Schafe hatten damals für die Menschen große Bedeutung, denn es wurde nahezu alles von ihnen verwertet. Sie gaben Milch zum Trinken und für die Käserei. Die langen Haare des Felles wurden regelmäßig geschoren und verarbeitet. Das Fell wurde ebenfalls für vielerlei Dinge gebraucht und ihr Fleisch gegessen.

An ruhigen Abenden haben die Hirten die geschorene Wolle zu langen Fäden gesponnen. Dazu benutzten sie eine Handspindel. Die Wolle wurde dann zu großen Knäueln aufgewickelt. Diese Wollknäuel steckten die Hirten in ihre dreieckigen Umhängetaschen. Die Taschen waren am Boden breit und liefen nach oben spitz zusammen. Diese Form hatte einen besonderen Sinn. Während des Laufens mit der Herde, die der Hirte mit ruhigem Schritt begleitete, konnte er nämlich stricken. Das Knäuel steckte in der Tasche, und der Faden kam oben am spitzen Taschenteil heraus. Dadurch konnte er nicht hin- und her rutschen. So wanderte der Hirt strickend mit seiner Herde über die Bergweiden.

Aber damit die Tiere auch wirklich gut gediehen, waren die Wichtel oder das Zwergenvolk nötig. Das waren ganz kleine Gesellen, die auch auf den Wiesen lebten und die heimlichen Begleiter der Hirten waren. Die Wichtel sorgten dafür, daß die Tiere nicht in Felsspalten stürzten, keine giftigen Kräuter fraßen, gesunde Lämmer zur Welt brachten und noch vieles mehr. Böse waren die Hirten dran, die aus irgend einem Grund ihre Wichtel verärgert hatten. Dann zogen diese nämlich von dieser Weide weg. Von da an gab es für die Hirten nur noch Probleme. Die Herden wurden immer magerer, viele Tiere stürzten ab oder starben auf der Weide. Also stellten sich die Hirten gut mit den Wichteln. Und diese ahmten oftmals die Hirten nach. Sie kleideten sich genauso, und wenn ein Hirt mit seinem Strickzeug zugange war, liefen die Wichtel ebenfalls mit ihren kleinen Hirtentaschen nebenher. Oben kam ebenfalls ein kleiner Faden aus der Tasche, und sie strickten genauso wie der große Hirte.

Von Zeit zu Zeit führten die Hirten Wettkämpfe untereinander durch. Sie trafen sich und machten Wettläufe, Steineweitwerfen, Stockfechten, aber auch Schafescheren und andere Dinge, die Hirten können mußten. Den gleichen Wettkampf führten die Wichtelhirten durch. Es war immer ein großes Fest, und es sah toll aus. Die Hirten hatten ihre Taschen alle an einen Baum gehängt, weil sie beim Wettkampf nur hinderlich gewesen wären. Die Wichtel hatten ihre Taschen an einen kleinen Baum gehängt.

Einmal geschah es, daß bei den Wichteln ein Troll mitmachen wollte. Aber die Wichtel wollten ihn nicht, weil er immer stänkerte. Darüber war der Troll so erbost, daß er die Wichtelhirtentaschen an dem Baum festhexte. Als die Wichtel nach dem Wettkampf ihre Täschel (kleine Tasche) holen wollten, fanden sie sie am Bäumchen festgewachsen, und da sind sie noch heute dran.

Der kleine Baum mit den Täscheln dran wurde zu einem Kraut und hat sich überall verbreitet. Wir nennen es das Hirtentäschelkraut. Wer genau hinsieht, wird noch die Täschel erkennen und auch den Strickfaden, der oben aus der Tasche herauskommt.

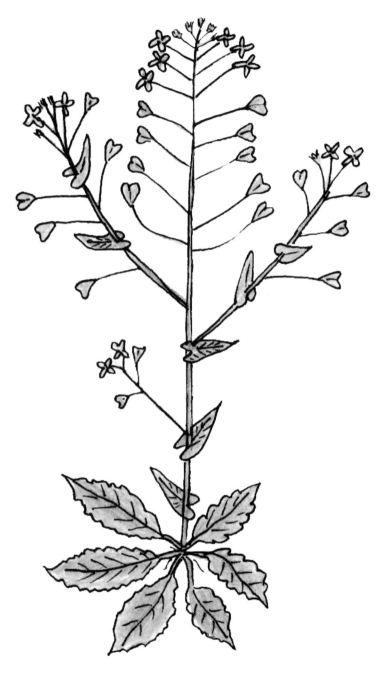

Hirtentäschelkraut   (Capsella bursa-pastoris)

Die Küchenschelle

Einst hatte ein Ziegenhirt für seine Lieblingsziege, die gleichzeitig auch das Leittier der Herde war, eine wunderschöne Glocke anfertigen lassen. Sie war aus volltönendem dunkelblauem Stahl geschmiedet. Der untere Rand war nicht glatt, wie bei gewöhnlichen Glocken, sondern sechsfach geschwungen. Außerdem waren auf der Außenseite Riefen und allerlei Verzierungen eingeritzt. Innen war ein runder mit kurzen Noppen versehener Klöppel, der einen vielstimmigen Klang verursachte. Kurzum: Eine schöne Glocke. Wo immer die Ziege mit der Glocke auftauchte, wurde sie bewundert und manches Mal auch neidvoll betrachtet.

Der Ziegenhirt war stolz auf seine Ziege und die Glocke. Wenn die Herde wanderte, wurde sie von der Ziege mit der Glocke angeführt, und alle Ziegen liefen dem Glockenklang nach. Graste die Herde auf einer Weide, war die Ziege mit der Glocke der Mittelpunkt der Herde, um den sich alle Ziegen scharten. So auch einst auf einer Almwiese. Am Rande dieser Wiese lag, für menschliche Augen nicht sichtbar, ein Zwergendorf.

Die Zwerge tummelten sich bei allerlei Tätigkeiten auf der Wiese. Als sie die Glocke am Hals der Ziege läuten hörten, waren sie entzückt. Solch einen Klang hatten sie noch nie gehört. Eine so reine und volltönende Glocke fehlte in ihrem Dorf. Aber wie sollten sie die Glocke bekommen, ohne daß es auffiel?

Da kam ihnen der Zufall zu Hilfe. Während die Herde friedlich graste, zog plötzlich mit Windeseile ein Unwetter auf. Bevor der Ziegenhirt überhaupt etwas merkte, war schon alles zu spät. Ein fürchterlicher Sturm, begleitet von heftigen Blitzen und gewaltigen Donnerschlägen, versetzte die Herde in Panik. Die erschreckten Tiere rasten in alle Richtungen davon. Von der Glocke war bei diesem Getöse nichts mehr zu hören. Dann brach der Regen los. Es war, als ob die Welt unterginge.

Nach einer halben Stunde war alles vorbei. Die Sonne schien wieder, und der Himmel war blau und blank. Aber wo war die Herde geblieben? Der Hirt suchte seine verschreckten Tiere überall zusammen. Einige von ihnen hatten sich in eine geräumige Höhle retten können, andere hatten sich in

Wiesen-Küchenschelle   (Pulsatilla pratensis)

Hecken verfangen, und wieder andere waren in den Bergen verstreut. Er fand nur wenige Tiere wieder. Der Hirt war am Verzweifeln. Wie sollte er seine Herde wieder zusammen bekommen? Vom stundenlangen Suchen und dem Mißerfolg erschöpft, setzte er sich mitten auf die Wiese und weinte. Plötzlich hörte er Ziegengemecker. Er sah auf und glaubte zu träumen. Von allen Seiten kamen seine Ziegen auf ihn zu gelaufen. Was war passiert?

Die Zwerge hatten den Jammer des Hirten und seine Verzweiflung mitbekommen. Da sie sich in den Bergen auskannten, hatten sie sich auf die Suche gemacht und die Herde zusammengetrieben. Der Hirt war überglücklich. Wie sollte er sich bei dem kleinen Volk bedanken? Mit dem Schönsten, was er hatte, wollte er danke sagen. Denn die Herde war sein einziger Besitz, und ohne sie wäre er verloren gewesen. Der Hirt band also der Leitziege die Glocke ab und legte sie ins Gras. Dann zog er mit seiner Herde weiter.

Nun war es an den Zwergen, überglücklich zu sein. Denn mit der Schenkung der Glocke war ihr Wunsch in Erfüllung gegangen. Sie hängten die Glocke an eine gebogene Stange, damit sie frei schwingen konnte, mitten auf die Wiese. Jeden Tag wurde sie bei jeder sich bietenden Gelegenheit geläutet. Das wurde allmählich lästig. Deshalb beschloß der Zwergenrat, die Glocke nur noch zu wichtigen Anlässen, wie zum Beispiel zum Mittagessen, zu läuten. Das Mittagessen nahmen nämlich alle Zwerge immer gemeinsam ein. Und es dauerte immer lange, bis alle Zwerge zusammengeholt waren. Mit der Glocke war das Problem gelöst. Sobald das Essen in der Küche fertig war, läuteten die Köchinnen die Glocke. Die Zwerge sagten dann: „Hört ihr die Küchenschelle läuten, es gibt Essen." Statt Glocke sagt man in manchen Gegenden nämlich Schelle.

Bald aber tauchte ein neues Problem auf. Die Kobolde aus der Nachbarschaft versuchten die Schelle zu stehlen. Daraufhin beschlossen die Zwerge, die Schelle mit einem Zauber zu belegen. Jeder, der auf die Wiese kommt und kein Zwerg ist, soll statt der Schelle eine Blume sehen, und die wird wohl niemand stehlen. So geschah es. Noch heute finden wir auf der Wiese keine Glocke oder Schelle, sondern eine Blume, die genau wie eine Glocke aussieht. Die Menschen haben sich natürlich Gedanken zu der Sache gemacht. Ganz allmählich sickerte einiges durch. Und so nennen wir die Pflanze heute, genauso wie die Zwerge, Küchenschelle. Wer sie sich genau anschaut, wird sie sofort als verzauberte Glocke oder Schelle erkennen.

Die Mohrrübe

Es war in einem Dorf mitten in Afrika. Dort wurde eines Tages ein kleiner Junge geboren. Irgendwie muß dieser Tag ein ganz besonderer Tag gewesen sein. Denn der Junge war ein richtiger Glücksjunge. Von Anfang an beglückte er seine Mutter mit seinem strahlenden Lächeln und später auch jeden anderen, der ihn ansah. Dieser Junge bekam den Namen Karot. Bald war er mit seinem fröhlichen Lächeln im ganzen Dorf bekannt. Dieses Lächeln öffnete ihm buchstäblich alle Herzen und Hütten im Dorf. Überall, wo er auftauchte, war er willkommen. So kam es vor, daß er nicht mal abends in der elterlichen Hütte auftauchte, sondern gleich dort schlief, wo er den ganzen Tag gespielt hatte.

Als Karot größer war, hütete er mit den anderen Jungen die Ziegen des Dorfes. Er lernte die Löwen zu verjagen und die verlaufenen Ziegen zurückzuholen. Er war mutig und stark, und als er zum Jüngling herangewachsen war, begleitete er die Männer des Dorfes auf der Jagd. Er lernte mit Pfeil und Bogen umzugehen und den Speer zu werfen. Er traf fast jedes Tier und wurde so ein guter Jäger.

Je mehr Karot heranwuchs, um so mehr wurde er von den Mädchen umschwärmt. Sein strahlendes Lächeln betörte sie alle. Zugegeben, er war ein ausgesprochen hübscher Jüngling. Sein krauses schwarzes Haar, die Augen mit den langen Wimpern, die ebenmäßigen Gesichtszüge und der muskulöse Körper verliehen ihm ein ansehnliches Aussehen. Jedes Mädchen, das er anlächelte, verliebte sich in ihn. Da Karot sich aber für keine entscheiden konnte, liebte er sie zwar alle, dachte aber nicht daran, eine zu heiraten. Heute war er bei der einen in der Hütte, morgen bei der nächsten und übermorgen bei einer dritten. Karot trieb es so schlimm, daß er das Dorf verlassen mußte.

Karot zog immer in Richtung Norden. Sein Weg führte ihn durch dichte Urwälder, Steppen und Wüstengebiete. Angst hatte er nicht, denn seinen Mut als Jäger hatte er schon früher oft genug bewiesen. Aber es fehlten ihm die Mädchen. Er sehnte sich nach ihren Zärtlichkeiten. Zwar kam er unterwegs auch durch viele Dörfer, aber er getraute sich nicht, länger dort zu bleiben. Er befürchtete den gleichen Ärger wie im eigenen Dorf. So zog er immer rasch weiter.

Eines Tages fand er in der Steppe einen alten Mann. Dieser war von Löwen angefallen worden und hatte sich mit Mühe und Not noch auf einen Baum retten können. Karot verjagte die Löwen, half dem Alten vom Baum herunter, reinigte und verband seine Wunden und brachte ihn in das nächste Dorf. Dort sollten sich die Bewohner weiter um den Verletzten kümmern. Zum Abschied sagte der Alte zu ihm. „Ich habe die Kraft, dir einen Wunsch zu erfüllen, denn du hast mich aus Todesnot errettet. Solltest du jemals in solch eine Not geraten, so denke fest an mich, und ich werde dir einen Wunsch erfüllen." Karot lächelte nur über die Rede des Alten und zog weiter seines Weges.

Nicht lange danach gelangte er in eine Stadt. Er war erstaunt über das, was er da sah. Allein die vielen Menschen auf den Straßen, der Lärm und das Gedränge machten ihn ganz verwirrt. Karot suchte sich eine stille Ecke und betrachtete alles. Vor allem fand er es komisch, daß die Mädchen und Frauen ihre Gesichter nicht zeigten. Alle trugen sie Schleier davor, so daß nur die Augen frei blieben. Außerdem entdeckte er, daß die Mädchen nicht schwarz waren, wie sonst überall, sondern hellbraun oder weiß. So etwas hatte er auf seiner ganzen Wanderung noch nie gesehen. Seine Neugier war geweckt. Er beschloß, hierzubleiben.

In einer Schänke unterhielt sich Karot mit einem Mann über die Stadt und ihre Bewohner. Der erzählte ihm vom Harem des Sultans. Dort wären die schönsten Frauen der Welt zu sehen. Das heißt eigentlich seien das die Frauen des Sultans, und es wäre bei Todesstrafe verboten. in den Harem einzudringen. Das reizte Karot. Er erkundete einen Weg, wie er, von den Wächtern unbemerkt, in den Harem eindringen könnte. Bald hatte er ihn gefunden. Es war eine halsbrecherische Klettertour. Aber klettern mußte er schon als Junge oft genug, wenn er verstiegene Ziegen wieder von den Felsen herunter holen mußte.

Auf diesem Weg gelangte Karot über einen hochgelegenen unbewachten Balkon in den Harem. Alle Haremsfrauen und -mädchen stürzten auf den unerwarteten, hübschen Eindringling los, streichelten seine Haut und sein Haar und überhäuften ihn mit Küssen. Dann fragten sie ihn, ob er etwas zu essen haben möchte. Da er den ganzen Tag noch nichts bekommen hatte, bejahte er freudig. Nun besorgten sie für ihn die auserlesensten Speisen, Früchte und Wein. Karot aß und trank. Dann widmete er sich ganz den Mädchen.

Es wurde für ihn eine herrliche Zeit. Wenn jemand kam, versteckten ihn die Frauen. War die Gefahr vorbei, ließen sie ihn wieder heraus. Aber eines Tages kam der Sultan so überraschend, daß Karot keine Zeit mehr fand, sich zu verstecken. So fand ihn der Sultan mitten unter seinen Frauen sitzend. Erst war der Sultan sprachlos über das, was er sah. Dann begann er wie ein Stier zu brüllen. Sofort kamen die Haremswächter herein und stürzten sich auf den Eindringling. Bevor Karot sich besann, war er gefesselt und in das Verlies geworfen worden. Dort saß er nun und wartete auf das Urteil. Es lautete: Hinrichtung. Da die Frauen die Sache unterstützt hatten, sollten sie alle bei der Vollstreckung des Urteiles anwesend sein. Und zwar genau so, wie der Sultan die Szene im Harem vorgefunden hatte.

So geschah es. Rings um den Richtblock saßen die Haremsfrauen. Sie sahen wunderschön aus und waren alle in schneeweiße Gewänder gekleidet, wie zu einer Hochzeit. Das hatte der Sultan so verlangt. In der Mitte vor dem Richtblock stand Karot. Er sah sich noch einmal um, und es überkam ihn wie rasend vor Sehnsucht ein Wunsch: „Ich möchte immer weiterleben, so wie es jetzt ist. Ich möchte in der Mitte sein, umgeben von all den vielen wunderschönen Frauen und Mädchen."

Der Sultan rieb sich erstaunt die Augen. War denn das möglich? Wohin waren plötzlich alle seine Frauen verschwunden und auch der zum Tode verurteilte Karot? Sie waren fort. Der ganze Richtplatz war leer. Das heißt, nicht ganz leer. In der Mitte des Platzes, dort wo der Richtblock gestanden hatte, stand plötzlich eine seltsame Blume.

Sie war etwa einen Meter hoch, hatte fiedrige Blätter und oben eine Blütendolde. Wenn man sich die Dolde genau betrachtete, sah man, daß sie aus lauter weißen Blüten bestand, bis auf die Blüte genau in der Mitte, die war schwarz wie ein Mohr.

Der Sultan befahl, die Pflanze auszureißen. Aber das war gar nicht so einfach. Als es den Wachen endlich gelang, entdeckten sie, daß die Pflanze eine ganz merkwürdig geformte Wurzel besaß. Es war eine schlanke Rübe. Die Wachen warfen die Pflanze achtlos weg. Aber das Geschehen sprach sich herum, und so holten sich die Mädchen der Stadt heimlich die Pflanze und gruben sie wieder ein. So ist nicht nur das Andenken an den wunderschönen Jüngling Karot, sondern auch seine Sinnbildpflanze bis heute erhalten geblieben.

Es ist die Mohrrübe. Von der gibt es nicht nur die Gartenmöhre, denn die wird vor der Blüte geerntet, sondern die Wilde Möhre, die überall an feuchten Wegen, Wiesen und Grabenrändern wächst. Die Blütendolde besteht aus vielen weißen Einzelblüten, bis auf die Blüte in der Mitte. Diese ist schwarz wie ein Mohr. Daher der Name. Und weil sie an Stelle des verschwundenen Karots auftauchte, wird sie auch Karotte genannt.

Wilde Mohrrübe   *(Daucus carota)*

Das Ferkelkraut

Es war einmal eine arme Witwe. Ihr Mann hatte im Bergwerk gearbeitet, und eines Tages war der Stollen eingestürzt. Jede Rettung kam zu spät. So war die Frau nun mit ihren vier Kindern allein. Sie hatten ein schweres Leben. Die Frau mußte Holz sammeln, um es zu verkaufen und so Geld für den Lebensunterhalt zu bekommen. Die beiden größeren Kinder halfen ihr dabei, aber die beiden kleinen tollten lieber auf der Wiese oder im Walde herum.

Die Familie war im ganzen Dorf beliebt, weil die Frau sehr hilfsbereit, die Kinder gut erzogen und trotz ihrer Not immer fröhlich und guter Dinge waren. Auch in Wald und Flur bewegten sich die Kinder zurückhaltend. Deswegen wurden die Tiere zutraulich, und die Pflanzen begannen sich zu recken und zu entfalten, wenn sie auftauchten.

Eines Tages schenkten gutherzige Leute der Familie ein kleines Ferkel. Sie sollten es groß ziehen und entweder eines Tages auf dem Markt verkaufen oder selber essen. Die Familie aber dachte mehr daran, das Ferkel, wenn es erwachsen wäre, zum Eber zu bringen, auf daß es kleine Ferkel bekäme. Zunächst aber freuten sich die Kinder, einen neuen Spielgefährten zu haben. Das Ferkel machte auch alles mit, denn es war sehr gelehrig. Es lief wie ein Hund hinter den Kindern her, wenn sie durch das Dorf gingen. Alle Dorfbewohner amüsierten sich darüber und gaben den Kindern Abfälle für das Ferkel zum Fressen. Kurzum: Ob zum Spielen oder Holz Sammeln, die Kinder und das Ferkel gehörten überall und immer zusammen. Abends hätten sie es am liebsten noch mit ins Bett genommen, wenn es die Mutter zugelassen hätte. Aber statt dessen mußte es dann in einem kleinen Verschlag neben dem Häuschen untergebracht werden.

So ging das Tag für Tag. Aber eines morgens war das Glück plötzlich vorbei. Als die Kinder das Ferkel wie üblich aus dem Verschlag holen wollten, war dieser leer. Die Kinder suchten überall, sie schauten in alle Ecken und Winkel und riefen das Ferkel immer wieder. Es blieb verschwunden. Verzweifelt suchten sie den Verschlag nach irgendwelchen Spuren ab. Dann entdeckte das größere Mädchen Fußspuren und kurz danach an der Wand des Verschlages auch ein paar Blutspuren. Nun wurde ihnen klar, was geschehen war. Diebe waren nachts heimlich in den Verschlag eingedrungen und hatten das Ferkel gestohlen. Da sie befürchteten, daß das Gequieke des Ferkels sie verraten würde, hatten sie es offenbar abgestochen und mitgenommen.

Nun suchten die Kinder weiter vor dem Haus am Hang nach Spuren. Zunächst fanden sie nichts. Voller Verzweiflung liefen sie hinter das Haus. Dort wuchsen die Pflanzen, die entfernt den Butterstauden ähnelten, aber nicht so schmackhaft waren wie diese. Ferkel hatte dies bald bemerkt, sich aber trotzdem oft dort aufgehalten. Deshalb hatten die Kinder diese Pflanzen Ferkelkraut genannt. Als sie nun zu dem Ferkelkraut kamen, entdeckten sie auf dessen Blättern überall Blutspuren vom Ferkel. Die Kinder baten einige Nachbarn um Hilfe. Diese alarmierten den Dorfpolizisten. Gemeinsam folgten sie den Blutspuren von einem Ferkelkraut zum anderen. Diese führten sie über den Hang zum nahen Wald. Dort wurden die Ferkelkräuter und damit auch die Blutspuren immer weniger. Aber als der Wald zu Ende war und sie wieder auf die Heide kamen, waren es wieder mehr. Schließlich gelangten sie an eine Hütte. Dort endeten die Spuren.

Aus der Hütte kamen zwei finster aussehende Gestalten. „Was wollt ihr hier, haut ab, ihr habt hier nichts zu suchen." Da trat der Polizist vor. Die beiden Typen erschraken. „Wir suchen ein gestohlenes Ferkel, und die Spur führt bis hierher."

Natürlich beteuerten die Beiden ihre Unschuld. „Los, das Haus durchsuchen!" befahl der Polizist. Die Kinder liefen allen voran ins Haus und entdeckten das Ferkel. Es lag in der Ecke und regte sich nicht mehr. Alle schrien auf. Dann stürzten sich die Kinder auf das reglose Ferkel. Sie streichelten es und drückten es. Aber vergebens, das Ferkel gab keinen Mucks mehr von sich.

Der Polizist verhaftete die beiden Übeltäter und sperrte sie in das Gefängnis. Die Kinder nahmen das leblose Ferkel auf den Arm und gingen traurig nach Hause. Weil ihnen das Ferkel aber immer schwerer wurde, beschlossen sie, eine Rast einzulegen. Gerade waren sie an einer Stelle angelangt, wo sehr viel Ferkelkraut stand. Weil Ferkel zu Lebzeiten immer so gern dort gelegen hatte, legten sie es da ab.

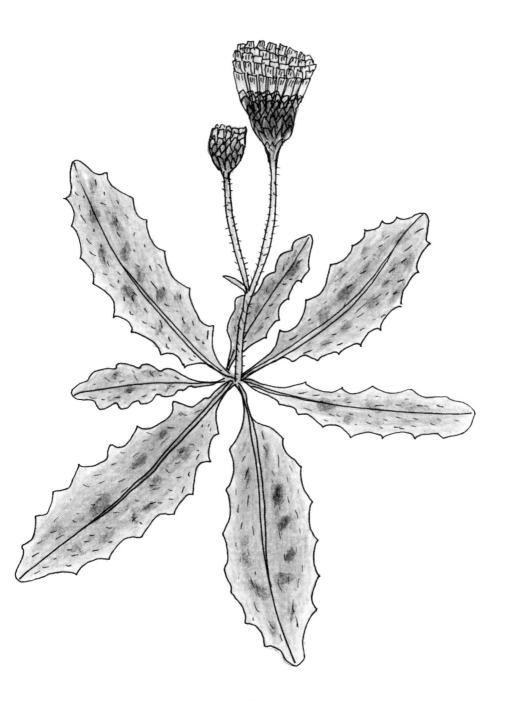

Geflecktes Ferkelkraut (Hypochoeris maculata)

Plötzlich begann das Ferkel sich zu regen. Es schnupperte am Ferkelkraut und versuchte aufzustehen. Die Kinder waren starr vor Schreck. Das Ferkel lebte. Welch eine Freude. Vorsichtig trugen sie es nach Hause. Es hatte durch den Messerstich, mit dem die Bösewichte es abstechen wollten, sehr viel Blut verloren. Dieses war immer auf das Ferkelkraut getropft. Glücklicherweise muß man sagen, denn so hatten die Kinder die Spur gefunden. Jedenfalls brachten sie Ferkel nach Hause. Dort pflegten sie es gesund.

Alle waren wieder froh und glücklich. Ferkel wuchs zu einer prächtigen Sau heran, und nachdem die Zeit gekommen war, bekam sie sieben Ferkel.

Übrigens die Blutflecke auf dem Ferkelkraut sind heute noch zu sehen. Davon kann sich jeder überzeugen, der an den sandigen Hang hinten am Wald geht. Dort steht es nämlich.

Der Salomonssiegel

Das jüdische Volk ist ein sehr altes Volk. Es existierte schon, als die Ägypter ihre Pyramiden bauten, und das ist schon ein paar tausend Jahre her. Die berühmtesten der jüdischen Könige waren David und sein Sohn, König Salomon.

König David hat in seiner Kindheit Schafe gehütet. Das tat er im Auftrag von König Saul. Nun lagen die Juden im Streit mit den Philistern. Diese waren ein kampferfahrenes Volk und wollten die Juden unterwerfen. Der Anführer der Philister war von riesigem Wuchs und hieß Goliath. Dieser Riese forderte von den Juden, daß einer, möglichst König Saul, gegen ihn kämpfen sollte. Saul hatte aber nicht den Mut und bat David, dessen Mut allgemein bekannt war, gegen den Riesen Goliath zu kämpfen. David stimmte zu, lehnte es aber ab, in einer Rüstung zu kämpfen, sondern ging in seiner Hirtenkleidung zum Kampf. Er hatte weder Schwert noch Speer, sondern eine Steinschleuder und fünf glatte Kieselsteine aus dem Bach in seiner Hirtentasche.

Goliath verhöhnte den Hirten David. Wie konnte solch ein Zwerg es wagen, gegen ihn, den Riesen Goliath, anzutreten. Aber David nahm einen Kiesel aus seiner Tasche, legte ihn in die Schleuder und schoß den Stein voll an Goliaths Kopf. Mit der Steinschleuder mußte er als Hirte gut umgehen können wegen der Wölfe, Bären und Räuber. Jedenfalls stürzte Goliath getroffen zu Boden und blieb bewußtlos liegen. Als die Philister sahen, daß ihr Stärkster gefallen war, verließ sie der Mut. Ein Volk, was solche Hirten hat, mußte unter Gottes besonderem Schutz stehen. Also verzichteten sie auf den weiteren Kampf.

So mutig war David, der später als König lange regierte. Nach ihm bestieg sein Sohn Salomon den Thron. Von diesem König Salomon erzählt die Bibel, daß er nicht nur mutig wie sein Vater war, sondern noch dazu von großer Weisheit. Er hat viele Regeln für ein sinnvolles Leben in Weisheit, Eltern- und Kinderliebe, Nächstenliebe und Gottesfurcht aufgeschrieben. Aber auch Warnungen vor Faulheit, Bosheit und Verführung stammen von ihm.

Dieser König Salomon besaß ein besonderes Siegel. Es war ein magisches Siegel, und mit seiner Hilfe verstand er die Sprache der Tiere, und die Tiere verstanden ihn. Sie kamen als Boten zu ihm und berichteten ihm alles, was sich in seinem riesigen Reich zutrug. Auf diese Art wußte er viele Dinge, lange bevor die Nachricht auf offiziellem Wege zu ihm kam. Einmal kam ein Mann zu ihm und klagte einen anderen wegen Raubes an. In Wirklichkeit hatte er aber sein Gold heimlich vorher vergraben und anschließend Streit mit dem anderen gesucht. Er ließ sich von dem anderen niederschlagen und behauptete nun, dieser hätte ihn beraubt. Aber König Salomon war längst von einem Raben, der alles mit angesehen hatte, informiert worden. Er ließ das Gold ausgraben. Einen Teil bekam der unschuldig Angeklagte, der Rest ging an die Armen. Der Übeltäter hatte das Nachsehen.

Weil Salomon immer alles wußte und entsprechend weise Urteile fällte, wurde er der weise König Salomon genannt.

Aber sein Siegel vermochte noch viel mehr. Mit seiner Hilfe konnten verborgene Schätze aufgespürt und verschlossene Türen aufgesprengt werden. Als König Salomon seinen Tod ahnte, beschloß er, das magische Siegel, was Macht, Wissen und Reichtum verschaffen konnte, verschwinden zu lassen, bevor es in unrechte Hände geriet. Er gab es einem Fuchs mit der Bitte, es irgendwo tief im Wald zu vergraben und die Stelle zu vergessen. Der Fuchs tat dies auch, aber ein Wildschwein hatte ihn dabei beobachtet. Damit es die Stelle später wiederfinden würde, markierte es dieselbe. Da wuchs an der Stelle plötzlich eine weiße Blume aus der Erde. Zufrieden ging das Wildschwein los, um die Stelle zu verraten. Als es später mit den anderen an die Stelle zurückkam, wuchsen plötzlich überall solche Blumen.

Das Wildschwein wühlte die erste Blume aus. Der Wurzelstock sah aus wie das Siegel König Salomons. Das verschlungene „S" war zu erkennen. Aber es hatte sich zu früh gefreut. Die anderen Pflanzen hatten eben solche Wurzelstöcke. Das Siegel König Salomons war und ist bis heute verschwunden. Aber die Pflanze, die daraus gewachsen ist, gibt es heute noch überall in unseren Wäldern. Sie heißt deshalb auch Salomonssiegel.

Die Wildschweine können sich aber bis heute nicht damit abfinden, und deshalb durchwühlen sie heute noch den Boden.

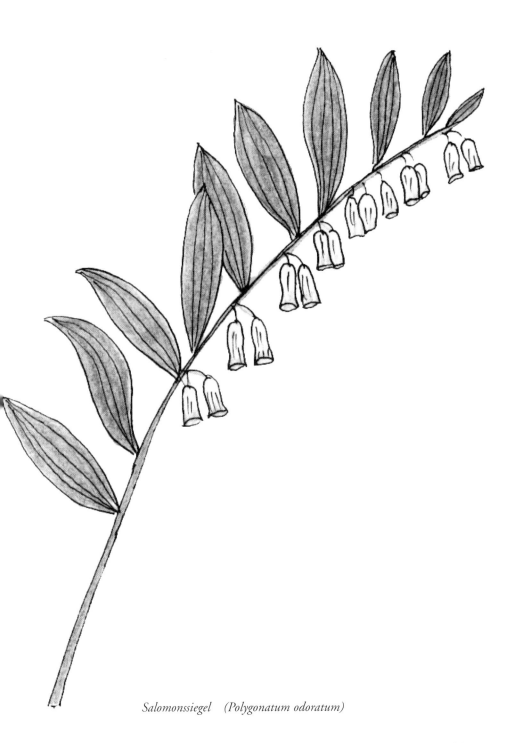

Salomonssiegel (Polygonatum odoratum)

Die Jungfernrebe

Die Sache ist bereits im Altertum passiert, wahrscheinlich in Griechenland. Damals standen sich Götter und Menschen noch recht nahe. Manchmal konnte man sie kaum voneinander unterscheiden.

Es geschah also, daß die Frauen zweier aneinander grenzender Höfe zur gleichen Zeit jede ein Kind bekamen. Die eine Frau bekam ein Mädchen mit Namen Doris, die Nachbarin wenig später einen Knaben, den sie Pyrus nannte. Die Geburt beider Kinder wurde gemeinsam gefeiert, und im Gedenken an später beschloß man, daß beide einmal einander heiraten sollten. Das hätte den Vorteil, daß beide Höfe zusammengelegt und so der Reichtum verdoppelt würde. Die Kinder wurden nicht gefragt. Sie wuchsen miteinander auf, wie das so unter Nachbarskindern üblich ist. Mal spielten sie miteinander, mal stritten sie sich. Vor allem das Mädchen entwickelte sich zu einer recht zänkischen Person. Sie wollte schon als Kind immer alles bestimmen, und sie bekam auch immer Recht.

Als die Beiden älter wurden, verschlechterte sich das Verhältnis weiter. Voller Grauen dachte der Jüngling oftmals an die Zukunft. Seine Eltern hatten ihm oft genug gesagt, daß er die Nachbarstochter heiraten müsse. Schließlich seien sie sich in der Wiege versprochen worden. Wenn Sie wenigstens hübsch gewesen wäre. Aber so unangenehm wie ihr Wesen war auch ihr Aussehen. Sie war ein richtiges Trampel, dick und ungeschickt, mit einem häßlichen Gesicht. Pyrus war inzwischen zu einem stattlichen jungen Mann herangewachsen. Viele Mädchen sahen sich nach ihm um. Er hatte ein offenes, hübsches Gesicht und eine kräftige Figur. Die Nachbarstochter sah das alles auch und wollte ihn schleunigst heiraten. Er jedoch legte überhaupt keinen Wert auf diese Heirat. Aber er konnte nichts machen, die Eltern von beiden waren sich nach wie vor einig. Der Hochzeitstermin wurde festgelegt. „Wenn der Sommer um ist, wird geheiratet."

Eines Tages ging Pyrus zum See hinunter, um zu baden. Als er ans Ufer kam, sah er ein Mädchen im Wasser. Er versteckte sich hinter einem Busch und wartete. Nach einer Weile kam das Mädchen aus dem Wasser. Sie war nackt und wunderschön. Pyrus war ganz betäubt von ihrem Anblick. Das Mädchen grüßte ihn ohne Scheu und begann sich anzuziehen. Pyrus konnte den Blick nicht von ihr wenden. Sie mochte vierzehn Jahre alt sein.

Die Beiden verliebten sich auf den ersten Blick ineinander. Das Mädchen verriet ihm, daß sie Vitis hieß und im Nachbardorf zu Hause sei. Von da an trafen sie sich täglich. Sie badeten zusammen und lagen anschließend hinter dem Gebüsch, um miteinander zu reden und sich zu liebkosen. Ihre Liebe wuchs von Tag zu Tag, und am liebsten wären sie Tag und Nacht zusammen geblieben. Er nannte sie Aphrodite, weil sie schön wie die meerschaumgeborene Göttin aussah, sie hingegen nannte ihn ihren Apollo, wegen seiner Gestalt. Sobald sie sich trafen, fielen sie sich um den Hals, küßten sich inniglich und riefen sich ihre Götternamen zu.

Das hörten eines Tages die Götter im Olymp, und Aphrodite und Apollo schauten von da an oft heimlich dem Treiben der beiden Liebenden zu. Aber dann kam die Zeit, daß Pyrus immer schwermütiger wurde. Vitis fragte nach dem Grund, und Pyrus erzählte von der bevorstehenden Heirat. Vitis brach in heiße Tränen aus. „Mein Geliebter, ich will nicht von dir lassen. Unsere Liebe ist so tief und rein, uns darf niemand trennen."

Auf Dauer blieb ihre Liebe nicht unentdeckt. Es fiel auf, daß beide so oft und so lange weg waren. Die Eltern spionierten ihnen nach, und so kam alles heraus.

Pyrus Eltern verlangten von Vitis Eltern, ihrer Tochter die Liebe zu Pyrus zu verbieten. Schließlich sei Pyrus mit Doris versprochen und der Hochzeitstermin festgelegt. Aber Liebe läßt sich nicht verbieten. Also beschlossen die Eltern von Vitis, ihre Tochter zu ihrer Patin in die Stadt zu geben, um so die Liebenden endgültig zu trennen. Beide trafen sich ein letztes Mal in ihrem Versteck am See. Sie lagen sich in den Armen, küßten sich und weinten miteinander. Dann versprachen sie sich ewige Treue bis in den Tod. Gemeinsam wollten sie aus dem Leben scheiden. Sie gingen hinüber auf die Wiese. Pyrus reckte seine kraftvolle Gestalt in die Höhe und rief: „Oh, ihr Götter, ihr seht unsere Qual, habt Mitleid mit uns Liebenden und helft unserer Liebe!"

Aphrodite hatte das Drama mit angesehen und ihren Vater Zeus um Hilfe für die Liebenden gebeten. Zeus half. Während Pyrus noch hochgereckt auf der Wiese stand, ging plötzlich eine seltsame Verwandlung mit ihm vor. Sein Körper wurde zu einem mächtigen Stamm, die Arme zu Ästen und die Finger zu Zweigen. Von den Füßen aus bohrten sich mächtige Wurzeln in den Boden. Als Vitis sah, daß Pyrus zu einem Baum geworden war, schlang sie ihre Arme um den Stamm und schmiegte sich ganz eng an ihn. Lächelnd wandte sich Aphrodite an Gottvater Zeus: „Dann beende ich jetzt, was du begonnen hast."

Als die Leute aus dem Dorf später auf die Wiese kamen, fanden sie dort einen kräftigen Baum vor. Um den Baum herum schlang sich ein dünner Stamm mit Zweigen und Blättern, die an Weinlaub erinnern. Beide waren so fest ineinander verschlungen, daß niemand sie voneinander zu lösen vermochte. So blieben die Liebenden auf ewig vereint.

Da sich die Geschichte der beiden unglücklich Liebenden herumgesprochen hatte, wußten nun alle, daß die Götter geholfen hatten. Bis heute heißt das Gewächs, welches sich um die Stämme der Bäume schlingt, „Vitis, die Jungfernrebe". Vielfach ist es auch als „Wilder Wein" bekannt.

Jungfernrebe oder Wilder Wein   (Parthenocissus insérta)

Erdrauch

Zur Familie der Zwerge gehören die Erdmännchen. Sie leben vorwiegend unter der Erde in Höhlen. Diese Höhlen sind richtige Wohnungen mit allem, was dazu gehört. Vorn am Eingang ist der Flur, von ihm zweigen die einzelnen Zimmer ab. Auch eine Küche und sogar ein Bad sind vorhanden, denn die Erdmännchen sind ordentliche, saubere und fleißige Zwerge.

Die Erdmännchen leben gemeinsam in einem unterirdischen Dorf. Selbstverständlich führen auch Ausgänge nach oben zur Erdoberfläche, aber die sind sehr gut getarnt und werden nur selten benutzt. Wenn die Erdmännchen etwas voneinander wollen, benutzen sie die unterirdischen Gänge, durch welche die Wohnungen miteinander verbunden sind. Die Erdmännchen sind meistens unsichtbar, denn sie führen ein sehr geheimes Leben. Überwiegend halten sie sich unter der Erde auf, weil sie tief in der Erde arbeiten. Dorthin führen lange Gänge, die vom Mittelpunkt des Dorfes abzweigen. Diese Gänge sind manchmal so lang, daß man zu Fuß viele Stunden brauchte, um an ihr Ende zu kommen. Aber die Erdmännchen haben es verstanden, sich Tiere zu halten und zu züchten, mit denen sie in kurzer Zeit durch die Gänge traben. Zum Graben sind spezielle Maulwürfe eingesetzt. Sie sind weitaus größer und kräftiger als normale Maulwürfe. Sie haben gewaltige Schaufelhände und können sehr schnell graben. Außerdem haben die Erdmännchen als Reit- und Transporttiere große Rennmäuse gezüchtet. Um Zusammenstöße zu vermeiden, laufen mindestens zwei Tunnel nebeneinander her. Einer führt aufwärts, der andere abwärts.

Die Erdmännchen fördern alle möglichen Bodenschätze zu Tage. In der Tiefe der Erde finden sie Gold, Silber und Diamanten, aber auch wertvolle Heilerden. Diese Schätze ermöglichen den Erdmännchen ein sorgloses Leben. Die schönsten Steine behalten sie für sich, da diese oft Zauberkräfte besitzen. Die minderwertigen tauschen sie bei anderen Zwergen gegen Dinge ein, die sie unter der Erde nicht haben, aber benötigen. Um aber ihr Dorf den anderen nicht zu verraten, lassen die Erdmännchen niemals Fremde ein. Deshalb sind immer einige Erdmännchen als Händler oder auch als

Heiler unterwegs. Sie sind überall gern gesehen, weil sie ehrlich und in der Heilkunst sehr bewandert sind.

Da niemand wußte, wo die Erdmännchen eigentlich leben, erzählte man sich viel Geheimnisvolles über sie. Sie würden nicht nur über große Schätze, sondern auch über gewaltige Zauberkräfte verfügen. Sie besäßen einen riesigen Diamanten, dessen Zauberkraft so groß sei, daß man mit ihm die Welt beherrschen könnte. Dieser Diamant würde an einem geheimen Ort aufbewahrt und von Zauberkräften geschützt.

Die Gnome hatten einen neuen König bekommen. Er war sehr herrschsüchtig und wollte immer mehr Macht haben. Es genügte ihm nicht, die Gnome zu beherrschen. Er wollte auch die Zwerge, die Elfen und die Menschen beherrschen. Kurz, er wollte die ganze Welt beherrschen. Dazu benötigte er den Zauberstein mit seiner Zauberkraft.

König Holbrecht suchte sich aus seinem Heer die verwegensten und gewissenlosesten Krieger aus und befahl ihnen, koste es was es wolle, den Zauberstein herbei zu schaffen. Zunächst galt es, unbemerkt in das Land der Zwerge einzudringen. Das war gar nicht so einfach, denn die Gnome waren höchst unbeliebt im Land der Zwerge. Und das mit gutem Grund, denn jedesmal, wenn sie auftauchten, bedeutete das Ärger und Sorgen für die Zwerge. Unbemerkt gelang es den Gnomen, an einer schlecht bewachten Stelle während der Dunkelheit über die Grenze ins Zwergenland einzudringen. Nun galt es ein Erdmännchen zu fangen und es zu zwingen, die Lage des Dorfes der Erdmännchen zu verraten. Waren sie erst einmal dort, würden sie schon Mittel und Wege finden, das Versteck des Zaubersteines heraus zu bekommen.

Nach vergeblichen Tagen sahen sie, wie zwei Zwerge, ein älterer und ein jüngerer, mit allerlei Taschen behängt des Weges kamen. An gewissen Anzeichen glaubten die Gnomenkrieger zu erkennen, daß es Erdmännchen waren. Sie fielen über die beiden her und nahmen sie trotz aller Gegenwehr gefangen. Die Gnome verlangten von ihnen, die Lage des Dorfes zu nennen. Aber die Erdmännchen schwiegen beharrlich. Sie waren nämlich in der Lage, sich mit einem Schutz zu umgeben, der sie Schläge gar nicht spüren ließ. Bald sahen die Gnomen ein, daß sie so nicht weiter kamen. Darum beschlossen sie: „Wir lockern unauffällig die Fesseln, so daß sie sich befreien und entfliehen können. Denn wenn sie sich befreit haben, machen sie sich zu ihrem Dorf auf. Wir stellen uns zunächst schlafend und folgen ihnen heimlich." So wurde der Plan durchgeführt.

Bei ihrer überstürzten Flucht merkten die Erdmännchen gar nicht, daß die Gnome ihnen heimlich folgten. Am nächsten Tag kamen sie in die Nähe ihres Dorfes. Sie kannten die geheimen Eingänge und wußten, daß sie für Unbefugte unsichtbar waren. Trotzdem plagte sie die Sorge, es war alles zu leicht gegangen. Deshalb versteckten sie sich, schlichen heimlich ein Stück zurück und entdeckten ihre Verfolger. Sie waren dicht hinter ihnen. Die Erdmännchen erschraken.

Im Dorf war Backtag. Überall quoll Rauch aus der Erde, denn alle Backöfen waren angeheizt und die Essen oberirdisch, sonst hätte der Rauch nicht abziehen können. Weil der Rauch auch für die Gnome sichtbar war und sie somit das Dorf finden würden, half nur eins: Backöfen und Rauch mußten mit einem Zauber belegt werden. Glücklicherweise war der ältere der beiden Erdmännchen nicht nur Heiler, sondern auch Magier. Er erhob seine Hände und richtete seine magische Kraft auf den Rauch. Der kräuselte sich merkwürdig und nahm eine feste Gestalt an. Als die Gnome wenig später an diese Stelle kamen, fanden sie dort keinen Rauch, sondern Blumen, die aussahen wie gestaltgewordener Rauch. Unverrichteter Dinge zogen sie weiter, immer auf der Suche nach dem Dorf der Erdmännchen.

Die Magie wirkt seitdem. Jedesmal wenn sich irgendwelche Wesen dem Dorf nähern, verdichtet sich der Rauch zu einer blumigen Gestalt.

Das Dorf der Erdmännchen ist nie zu finden. Das einzige, was zu finden ist, ist der Erdrauch, die Blume, die wie der gestaltgewordene Rauch aussieht.

Rankender Erdrauch   (Fumaria capreolata)

Das Maiglöckchen

Es war vor langer Zeit, als die Natur noch in Ordnung war. Die Menschen waren genauso Teil der Natur wie die Tiere und die Pflanzen. Zur Natur gehörten auch überall noch die Zwerge, die Gnomen und weiter im Norden die Trolle, alles erdverbundene Wesen. Sie lebten teilweise in Höhlen, die tief in die Erde hinein reichten, oder, wenn sie Häuser hatten, dann hatten diese tiefe Keller. Von dort kamen sie in die Erde hinein.

Dann gab es noch die Elfen. Das waren die Blumenwesen. Es waren durchweg hübsche, zarte, blauäugige Wesen mit blonden Haaren. Im Gegensatz zu den Zwergen, die meistens im Wald wohnten, waren die Elfen auf den Wiesen zu Hause. Hier hatten sie die Sonne, die sie verehrten, und die Blumen, die sie über alles liebten. Die Elfen besaßen im Gegensatz zu den Zwergen Flügel, mit denen sie ziemlich schnell an verschiedene Orte gelangen konnten. Die Elfen waren durchweg liebe und freundliche Wesen, was man von den Zwergen nicht in jedem Falle behaupten konnte. Wo sie nur konnten, halfen die Elfen, nicht nur den Menschen, sondern allen Lebewesen. Einst gab es unter ihnen eine Fee, die Maja hieß und große Heilkräfte besaß. Ständig war sie unterwegs, um verletzten Tieren oder kranken Menschen zu helfen.

Einmal war ein Reh auf der Flucht vor dem Wolf in eine tiefe Schlucht gestürzt. Da lag es nun und konnte sich nicht mehr rühren. Vor Schmerzen stöhnte und fiepte es laut. Einige Vögel, die in den Zweigen am Rande der Schlucht saßen, hörten das Jammern. Sie informierten den Specht, und der hämmerte die Nachricht durch den Wald bis zu der Wiese, auf der sich die Fee gerade aufhielt. Mit Hilfe ihrer Flügel gelangte sie rasch zur Unglücksstelle. Sie fand das Reh, mehr tot als lebendig vor. Zunächst mußten die Wunden versorgt werden. Sie band salbengetränkte Binden um die größten Verletzungen. Aber das Reh hatte sich beide Vorderbeine gebrochen. Diese mußten geschient werden. Nachdem sich Maja um alles gekümmert hatte, ging es dem Reh schon viel besser. Aber bis zur Genesung dauerte es noch eine Weile.

Vielfach nutzten auch Menschen Majas Heilkunst. Vor allem bei schlimmen Verletzungen, wo die menschliche Heilkunst der damaligen Zeit versagte, konnten die Elfen noch helfen, denn sie kannten die Heilwirkung der verschiedensten Kräuter und Erden. Deshalb gingen die Menschen zu ihnen, wenn sie Hilfe brauchten.

Einmal hatte sich ein Holzfäller mit der Axt ins Bein gehauen. Die Wunde war tief, und der Holzfäller konnte nicht mehr laufen. Er lag im Wald und wartete auf Hilfe. Aber niemand kam vorbei. Da machte er sich eine Krücke aus einem Ast und versuchte, nun aus dem Wald zu kommen. Aber es war ein großer Wald, und der Holzfäller kam nur sehr langsam voran. Oft mußte er vor Entkräftung anhalten, und ein Mal fiel er vor Schmerzen in Ohnmacht. Die Wunde hatte sich inzwischen entzündet und schmerzte höllisch. Als er aus der Ohnmacht erwachte, fand er sich in einem Bett wieder. Sein Bein war verbunden und schmerzte überhaupt nicht mehr. Verwundert schaute er sich um. Auf seine Bewegung hin, trat ein Elfenmädchen an sein Bett und sagte: „Endlich bist du wach. Du hast drei Tage und Nächte geschlafen. Du warst sehr krank, als wir dich am Waldrand gefunden hatten, aber unsere Heilerin Maja hat dich wieder gesund gemacht. Ohne ihre Hilfe wärst du gestorben."

Maja half überall, wo sie konnte. Aber bei einer Krankheit, konnte sie nicht helfen. Das war eine Krankheit die nur Menschen befiel. Denn die Menschen lebten damals schon auf engem Raum, in ständiger Hast und Aufregung. Das schadete ihren Herzen. Immer wenn ein Mensch mit krankem Herzen zu Maja kam, konnte sie nicht helfen, denn gegen Herzerkrankungen gab es kein Mittel. Darüber grämte sie sich sehr.

Allmählich wurde Maja alt. Sie merkte, daß es bald Abschied nehmen hieß vom Elfenleben. Nun weiß ja jeder, der sich mit Elfen auskennt, daß diese unsterblich sind. Wenn ihr Leben als Elfe oder Elf zu Ende geht, leben sie in anderer Gestalt weiter. Da sie als Elfen die Blumen so lieben, werden sie nach ihrem Elfentod zu einer Blume. Das wußte auch Maja. Als sie nun ihr Ende nahen fühlte, wünschte sie sich, zu einer Blume zu werden, die das schafft, was sie in ihrem Elfenleben nicht geschafft hatte. Sie wollte mit ihrer Blumenheilkraft den Menschen helfen, die Herzerkrankungen zu heilen.

Als Maja starb, begruben sie die Elfen am Waldesrand. Nach einigen Tagen sprossen zunächst grüne Blätter aus der Erde, die die Form von Hasenohren hatten. Damit grüßte Maja alle Tiere, denen sie geholfen hatte. Zwischen den grünen Blättern schoben sich schlanke Stiele hoch. An ihnen hingen wie an Schnüren aufgereiht, lauter kleine weiße Blüten, von denen jede die Form eines Herzes hatte. Damit sollten die Menschen auf die Heilwirkung der neuen Pflanze aufmerksam gemacht werden.

Der Saft der Pflanze hatte diese Wirkung. Aber das Herz ist ein empfindliches Organ, und so muß man sorgsam mit der Dosierung des Saftes umgehen, sonst kommt statt der Heilwirkung das Gegenteil, nämlich eine Vergiftung.

Die Menschen entdeckten bald die Pflanze und ihre Heilwirkung, aber auch ihre Gefahr. Wenn die Pflanze länger blüht, öffnet sich die Herzblüte und wird zur kleinen Glocke, also einem Glöckchen, das soll auf die Gefahr hinweisen. Und da das Blümchen immer im Mai blüht, nannten es die Menschen das Maiglöckchen.

Noch heute spielt das Maiglöckchen in der Heilmedizin, bei Herzerkrankungen eine große Rolle. Aus der Pflanze wird ein Extrakt gewonnen, die in vielen Herztropfen enthalten ist. Das Maiglöckchen heißt wissenschaftlich Convallaria majalis. Wer im Mai in den Wald geht, kann ein Sträußchen davon pflücken. Doch hinterher muß er sich die Hände waschen, denn der Saft ist giftig.

Maiglöckchen (Convallaria majalis)

Die Schwertlilie

Einst lebte in einem Schloß in der weiten Ebene eine Prinzessin mit Namen Iris. Sie war nicht nur wunderschön, sondern hatte auch bezaubernde Augen. Je nach Stimmung änderten die Augen ihre Farbe vom hellsten bis zum dunkelsten Blau, mal ging es mehr ins Violett und mal ins Gelbliche oder Bräunliche über.

Diese Augen waren es, die Prinzessin Iris überall berühmt machten und die Männer verwirrten. Jeder Ritter, der zum Schloß kam, verliebte sich in sie. Aber da sie erst sechzehn Jahre alt war, dachte sie noch nicht ans Heiraten, obwohl sie die Schmeicheleien der Ritter sehr gern hörte.

Eines Tages kam ein Drache in das Land der weiten Ebene. Er hatte seine Drachenhöhle in den Finster-Bergen verlassen und flog, auf der Suche nach einer jungfräulichen Prinzessin, überall umher. Es war noch ein sehr junger Drache mit seinen dreihundertsechsundvierzig Jahren. So war es auch das erste Mal, daß er sich auf die Suche nach einer Jungfrau machte, denn er meinte, jetzt alt genug dafür zu sein.

Er flog durch verschiedene Länder, kam in die weite Ebene und sah das Schloß. Hoch oben auf einem Balkon saß gerade Prinzessin Iris und stickte an einem Tüchlein. Das war damals bei Prinzessinnen so üblich.

Der Drache entdeckte sie sofort, flog heran und landete auf dem Balkon. Iris schrie vor Schreck laut auf, dann fiel sie in Ohnmacht. Als sie wieder zu sich kam, schwebte sie bereits hoch in der Luft. Der Drache hatte sie gegriffen und flog mit ihr zu seiner Höhle in den Finster-Bergen zurück.

Der Schrei der Prinzessin war so laut, daß er im ganzen Schloß gehört wurde. Eilends stürzten die Wachen auf Hof und Balkon. Aber sie kamen zu spät. Sie sahen nur noch, wie sich der riesige Drache von der Balkonbrüstung erhob und in Richtung der Finster-Berge verschwand. Das berichteten sie dann dem König und der Königin

Es war zwar üblich, daß sich Drachen immer mal eine Jungfrau raubten, und man fand nichts dabei. Aber daß es nun ausgerechnet ihre Tochter sein sollte, durfte nicht sein. Der König ließ in seinem Land und in den

Nachbarländern überall verkünden, daß seine Tochter Iris von einem Drachen geraubt worden sei. Wer sie befreien würde, bekomme eine große Belohnung. Es war weniger die Belohnung als die Empörung über den frechen Raub, welche die Ritter dazu trieb, bei der Befreiung der Prinzessin zu helfen. Sie trafen sich auf dem Königsschloß, ließen sich alles genau erzählen und planten dann die Befreiung der Prinzessin. Gemeinsam durchquerten sie die weite Ebene und zogen zu den Finster-Bergen. Die Felsen ragten himmelhoch empor. Dazwischen waren tiefe Schluchten, von denen etwas Unheimliches ausging. Es war, als ob die Gegend unter einem finstern Zauber stand. Hierher traute sich normalerweise kein Mensch. Hier hauste die Finsternis, das Böse und der Drache.

Nachdem die Ritter in die erste Schlucht eingedrungen waren, versperrten ihnen riesige Wölfe den Weg. Knurrend und zähnefletschend kamen die Bestien auf sie zu. Einige Ritter verließ der Mut, und sie flüchteten eilends, verfolgt von den Wölfen. Beherzt zogen die anderen weiter. Der Weg stieg steil bergan. Schließlich wurde er immer schmaler und verlief am Rande eines Felsens. Er war vielleicht noch zwei Handbreit schmal. Die Ritter drückten sich eng an die Wand und vermieden nach unten, in eine tiefe Schlucht, zu schauen. Dann führte der Weg in einen Felsen hinein. Sie gingen vorsichtig weiter, durch den Felsen hindurch. Auf der andern Seite war an einem Abhang eine große Höhle zu sehen. Als die Ritter näher kamen, rochen sie den Schwefelatem des Drachens. Leise pirschten sie sich heran.

Sie sahen den Drachen. Er schlief und hatte dabei, wie das so üblich ist bei Drachen, seinen Schwanz um die Prinzessin gewickelt. Als die Prinzessin die Ritter erblickte, hätte sie fast den Drachen aufgeweckt. Aber im letzten Moment verschluckte sie den Jubelschrei. Sie machte den Rittern Zeichen, stehen zu bleiben, und begann den Drachen zu streicheln. Er räkelte sich und streckte seinen Schwanz lang aus. Darauf hatte die Prinzessin nur gewartet. Vorsichtig stand sie auf und ging auf die Ritter zu. Leise schlichen sie von der Höhle weg und traten den Rückweg an.

Als der Drache erwachte und entdeckte, daß seine Jungfrau entflohen war, stieß er einen markerschütternden Schrei aus. Er kam aus der Höhle geschossen und erhob sich sofort in die Luft, um einen besseren Überblick zu haben. Da die Ritter gerade in dem engen Felsengang waren, sah er sie nicht. Sie warteten, bis der Drache auf der anderen Seite war, zogen alle zum Schutz für Iris ihre Schwerter, nahmen die Prinzessin in die Mitte und betraten den schmalen Pfad.

Als sie alle wieder in der Schlucht verschwunden waren, kam der Drache zurück. Er sah noch die letzten drei und flog herbei. Aber die Ritter wehrten ihn mit ihren Schwertern ab. Da die Schlucht sehr schmal war, hatte er wenig Chancen, seine Flügel auszubreiten. Die einzige Möglichkeit, die ihm blieb, war Feuerspeien. Aber da die Schlucht sehr kurvig war, hatte er damit keinen Erfolg. Wütend erhob sich der Drache wieder in die Luft und flog davon.

Die Ritter kamen mit der befreiten Prinzessin gut am Fuße der Felsen an und begannen ihren Rückweg zur weiten Ebene. Dort entdeckte sie der Drache. Er stürzte sich wutentbrannt auf die Gruppe. Die Ritter streckten ihm zwar alle ihre Schwerter entgegen, aber es war lächerlich. Gegen den riesigen Drachen hatten sie keine Chance. Er hätte sie mit einigen Hieben alle vernichten können. Das wußten sie auch, aber sie wollten die geliebte Prinzessin Iris mit ihrem Leben schützen. Der Drache setzte zum entscheidenden Sturzflug an. Das beobachtete eine Fee, die alles wußte und den Mut der Ritter bewunderte. Sie wollte die mutigen Ritter mit der Prinzessin Iris retten. Deshalb warf sie im allerletzten Moment ihren Feenschleier über die Gruppe.

Unter ihm waren sie alle verschwunden, und der Drache hatte das Nachsehen. Wo eben noch die Prinzessin Iris inmitten der Ritter mit ihren gezogenen Schwertern gestanden hatte, stand plötzlich eine Blume mit unbeschreiblich schönen Farben. Sie reichten vom hellsten bis zum dunkelsten Blau, schimmerten manchmal gelblich, weißlich, bräunlich oder violett, wurden dabei von feinen Streifen durchzogen, wie ein Regenbogen. Umgeben war die Blume, bei der mehrere Blüten an einem langen Stiel saßen, von lauter Blättern, die wie blank gezogene Schwerter aussahen.

Diese Pflanze gibt es jetzt überall. Sie wird Schwertlilie, auch Iris genannt, sieht wunderschön aus und soll uns immer an die Prinzessin Iris und ihre mutigen Ritter erinnern.

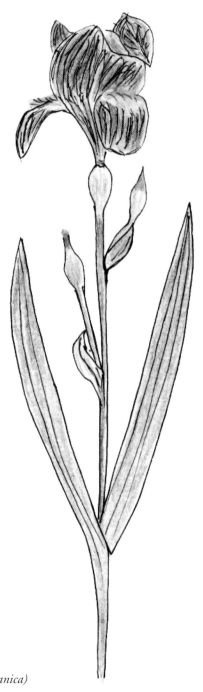

Iris oder Schwertlilie (Iris germanica)

Die Steineiche

Vor langer Zeit lebte ein Mann mit seiner Familie in einem Dorf nahe einem großen Wald. Er ging seiner Arbeit nach, und seine Frau kümmerte sich um die fünf Kinder und hielt das Haus und den kleinen Garten in Ordnung.

Der Mann war Holzfäller und arbeitete fleißig. Aber die Aufträge wurden immer weniger. Die großen Holzhändler und Waldbesitzer hatten viele Knechte, die die Arbeit machten. Deshalb konnten sie das Holz auch viel billiger verkaufen. Deswegen hatte der Mann nur wenig Geld, und oft genug reichte es kaum, das Notwendigste für die Familie zu kaufen. Und die Pacht für sein Haus mit Grundstück wurde immer teurer. Oft wußte der Mann nicht mehr aus noch ein. Dann verbot ihm der Waldbesitzer, weiter in dem gepachteten Wald Bäume zu fällen und zu verkaufen. Damit war alles aus. Die Pacht konnte nicht mehr gezahlt werden, und er mußte mit seiner Familie das Grundstück räumen. Zu essen konnte auch nichts mehr gekauft werden, also mußte die Familie verhungern. Den Mann jammerte das Elend so sehr, daß er nicht mehr leben wollte. Er nahm sich einen Strick und ging in den Wald, um sich das Leben zu nehmen. Als er in den Wald kam, traf er den Teufel. Der war auf Seelenjagd. Über das Elend des Mannes wußte er natürlich schon Bescheid. So bot er ihm einen Handel an.

Er, der Teufel, werde dafür sorgen, daß es der Familie wieder gut ginge und sie alle Sorgen los würden. Dafür müsse der Mann ihm, dem Teufel, seine Seele verschreiben. Übers Jahr, wenn alle Bäume ihre Blätter abgeworfen hätten, würde er kommen und sich die Seele des Mannes holen, um sie im Höllenfeuer zu schmoren.

Weil dem Mann die Rettung seiner Familie über alles ging, wollte er sich gern dafür opfern. Außerdem sagte er sich, ein Jahr ist eine lange Zeit, wer weiß, was bis dahin alles passiert. Er unterzeichnete den Pakt mit seinem Blut, und der Teufel verschwand schaurig lachend.

Der Mann aber ging nach Hause. Dort wartete bereits der Waldbesitzer auf ihn, um ihm zu sagen, daß er sich die Sache überlegt hätte. Er sei immer fleißig und ordentlich gewesen, deshalb gäbe er ihm den Wald zu einer geringen Pacht wieder zurück.

Von da an ging es wieder aufwärts. Alles, was der Mann anfing, glückte ihm. Er verkaufte sein Holz so gut, daß er einen gewaltigen Überschuß erzielte. Schließlich hatte er so viel Geld, daß er Haus, Grundstück und sogar ein großes Waldstück kaufen konnte. So hatte der Teufel seinen Teil des Vertrages eingehalten. Der Mann lebte mit seiner Familie glücklich und zufrieden. Und es hätte immer so weiter gehen können, wenn nicht der Pakt mit dem Teufel gewesen wäre.

Der Sommer verging und auch der Herbst. Angstvoll sah der Mann, wie ein Baum nach dem anderen seine Blätter abwarf und der Zeitpunkt immer näher rückte, an dem er seinen Teil des Vertrages einhalten mußte. Gerade jetzt, wo sich alles so gut entwickelt hatte, wollte er seine Familie keinesfalls alleine lassen.

Es gereute ihn tüchtig, daß er sich auf den Pakt mit dem Teufel eingelassen hatte. Aber hätte er es nicht getan, wäre er auch nicht zu Wohlstand und Reichtum gekommen. Reumütig und traurig ging er in den Wald. Sollte nun alles zu Ende sein? Wie könnte man die Sache hinauszögern? Er lief von Baum zu Baum um zu sehen, ob noch Blätter daran wären. Aber die meisten Bäume waren kahl. Er kam zur Birke. Sie warf gerade die letzten Blätter ab. Ebenso erging es ihm bei der Buche. Da entdeckte er die Eiche. An ihr waren die Blätter noch dran. Allerdings waren sie schon ganz welk und braun.

Der Mann bat die Eiche flehentlich, sie möge ihre Blätter nicht abwerfen. Sie wäre der einzige Baum, der ihn vor dem Verderben retten könnte. Er erzählte der Eiche die ganze Geschichte. Und diese versprach ihm daraufhin, ihre Blätter erst abzuwerfen, wenn die anderen Bäume wieder Blätter trügen.

Glücklich ging der Mann nach Hause. Dort wartete bereits der Teufel, um seine Seele in Empfang zu nehmen. Der Mann erinnerte ihn an die Abmachung, daß er erst die Seele bekäme, wenn das letzte Blatt von den Bäumen gefallen wäre. Und so weit sei es noch nicht. Also gingen beide in den Wald um nachzusehen. Bis auf die Eiche waren alle Bäume kahl.

Der Teufel verwandelte sich in einen Sturmwind und pfiff durch den Wipfel der Eiche. Aber so sehr er auch blies, rüttelte und schüttelte. Die Eiche hielt ihre Blätter fest. Erschöpft gab der Teufel auf und fuhr in die Hölle, aber fast jeden Tag kam er als Sturmwind zurück und versuchte, die Blätter von der Eiche zu pusten. Es war vergebens. Erst im Frühling, als die Birke und die Eberesche bereits ihre Blätter entfalteten, ließ die Eiche ihre Blätter fallen.

So wurde der Mann vor dem Teufel gerettet. Es ging ihm und seiner Familie weiterhin gut, und er lebte glücklich bis an sein seliges Ende. Der Teufel hat sich nie wieder bei ihm blicken lassen, aber man kann bis in die heutigen Tage noch mitten im Winter den Teufel hören, wie er als Sturmwind versucht, der Eiche die Blätter zu entreißen. Aber noch heute hält die Winter- oder Steineiche ihre Blätter solange fest, bis Birke und Eberesche wieder grünen.

Steineiche   (Quercus petraea)

Die Seerose

In einem See lebte einst eine Nixe, auch Nymphe genannt. Sie war wunderschön anzuschauen. Sie hatte lange hellblonde Haare, ein klares hübsches Gesicht und einen schneeweißen Körper. In stillen Vollmondnächten saß sie auf einem Stein in der Nähe des Ufers. Sie kämmte ihre blonden Haare und sang dazu schwermütige Liebeslieder.

Einst kam ein Jüngling zufällig in der Nähe des Sees vorbei. Er hörte den Gesang. Vorsichtig schlich er näher. Er sah die Nixe auf dem Stein sitzen. Wie vom Blitz berührt stand er da, so betäubt war er von der Schönheit des Anblicks. Er konnte sich nicht von der Stelle rühren, starrte die Nixe an und lauschte dem Gesang.

Langsam schob sich eine dicke Wolke vor den Mond. Plötzlich verstummte der Gesang, und als die Wolke weitergezogen war und der Mond wieder sein helles Licht erstrahlen ließ, war die Nixe verschwunden. Ganz benommen und ohne auf den Weg zu achten, lief der Jüngling nach Hause. Aber er wurde das Bild von der Nixe auf dem Stein nicht mehr los. Es verfolgte ihn noch am nächsten Tag. Als es Abend wurde, lief er wieder zum See hinunter. Er versteckte sich hinter einem Busch und wartete auf den Mond. Nicht lange nachdem dieser aufgegangen war, hörte der Jüngling wieder den Gesang. Vorsichtig kam er aus dem Gebüsch hervor. Wieder sah er die Nixe auf dem Stein sitzen. Ihre Haare glänzten wie Gold im Mondenschein, und der weiße Körper strahlte wie Alabaster.

Der Jüngling konnte den Blick nicht von ihr wenden. Er wurde magisch angezogen. Wie im Traum ging er immer näher zum Ufer hin. Dabei trat er auf einen am Boden liegenden Zweig. Durch das Knacken aufgeschreckt, glitt die Nixe ins Wasser. Der Jüngling rief ihr zu, sie solle nicht entfliehen. Die Nixe kehrte zurück und streckte dem Jüngling ihre schneeweißen Arme entgegen. Er trat näher, die Nixe umschlang ihn und zog ihn zu sich ins Wasser. Lautlos verschwanden beide im stillen See. Den Jüngling hat man nie wieder gesehen. Aber die Nixe saß beim nächsten Vollmond wieder auf dem Stein, kämmte ihr Haar und sang dazu ihre schwermütigen Lieder. Nicht lange danach kam wieder ein einsamer Jüngling nachts bei Vollmond am See vorbei. Es erging ihm ebenso wie dem ersten. Er hörte den Gesang, sah die Nixe, verliebte sich in sie, fand keine Ruhe mehr und wurde schließlich von ihr auf den Grund des Sees gezogen. So geschah es immer wieder. Einsame Jünglinge verschwanden spurlos, und niemand wußte wohin.

Eines Abends war im Nachbardorf Tanz. Fünf Jünglinge wollten sich den Heimweg abkürzen und gingen den schmalen Weg, der in der Nähe des Sees entlang führte. Es war gerade wieder Vollmond, und der lockende Gesang der Nixe klang über den See. Die Jünglinge lauschten verwundert. Erst wollten sie weitergehen, dann siegte die Neugier, und sie beschlossen, sich die Sängerin näher anzuschauen. Einer war so gebannt, daß er voraus eilte. Die anderen schlenderten hinterher. Als sie zum Seeufer kamen, sahen sie gerade noch, wie die Nixe ihre Arme um den Vorausgeeilten schlang und ihn ins Wasser zog. Entsetzt stürmten sie davon. Sie liefen und liefen, bis sie im Dorf ankamen.

Am nächsten Morgen erzählten sie, was sie erlebt hatten. Am Abend machten sich die Männer des Dorfes auf. Sie gingen mit Netzen bewaffnet zum See. Dort sahen sie die Nixe auf dem Stein. Einer lockte sie zum Ufer. Die anderen Männer warfen die Netze über sie. So wurde die Nixe gefangen und ins Dorf gebracht. Man verurteilte sie, weil sie so viele Jünglinge ins nasse Verderben gelockt hatte, zum Tod durch Verbrennen.

Das Urteil wurde vollstreckt und die Asche der Nymphe anschließend über dem See verstreut. Nicht lange danach schwammen überall auf dem See wunderschöne Blüten, schneeweiß wie der Körper der Nymphe, und innen glänzten sie golden wie ihre Haare im Mondenschein. Daneben schwammen große grüne Blätter. Blüten und Blätter waren mit langen elastischen Stielen am Grund des Sees verankert. Als die Dorfbewohner das sahen, murmelten sie untereinander: „Das ist immer noch die Nymphe." Sie versuchten vergebens, die Stengel aus dem Grund zu reißen. Dabei passierte es immer wieder, daß beim heftigen Ziehen an den Stielen ein Boot umschlug und die Insassen ins Wasser fielen. Sie verhedderten sich in den elastischen Stielen, kamen nicht mehr frei und ertranken. So holte sich die Nymphe weiter ihre Opfer.

Heute noch schwimmen überall an stillen Seen die Nymphäen, auch Seerosen genannt, an der Wasseroberfläche und bezaubern die Beschauer mit ihrer Schönheit. Es sei gewarnt, sie ausreißen zu wollen, sonst hat die Nymphe ein neues Opfer.

Weiße Seerose   (Nymphaea alba)

Das Wiesenschaumkraut

Man sieht es den Seen von außen gar nicht an, was alles in ihnen wohnt. Oft wissen die Menschen nichts von der Nachbarschaft, weil sich im allgemeinen Wassermänner und Menschen aus dem Wege gehen.

Dann geben die wenigsten Menschen zu, daß es Wassermänner gibt. Sie haben sich bisher auch nur wenigen Menschen gezeigt, und die verraten das nicht, um nicht ausgelacht zu werden. Aber wer mit offenen Augen an den Seen, Flüssen oder auch am Wattenmeer umher schaut, findet immer wieder Spuren, die von der Anwesenheit der Wassermänner zeugen. Gemeint sind damit alle Wesen, die dazu zählen: also Wassermann, Wasserfrau (Nixe, Meerfrau) und Wasserkind. Nicht zu vergessen die vielen Meerjungfrauen. Am liebsten haben die Wassermänner stille, abgelegene, tiefe Seen mit Schilfbeständen und großen, flachen Wiesen, wo sie in aller Ruhe leben können.

In solch einem See lebte der Wassermann Rif Mine mit seiner Frau Marte und seiner Tochter Carda. Carda war ein fröhliches Mädchen, sie lachte und sang viel. Sie spielte mit den dicken Karpfen Haschen und ärgerte die Hechte immer gerade dann, wenn sie sich im Versteck auf die Lauer legten, um einen kleinen Fisch zu fangen.

Als sie zur Jungfrau herangewachsen war, wurde sie etwas ruhiger, aber nicht allzuviel. An der Hauswirtschaft hatte sie zum Ärger ihrer Mutter überhaupt kein Interesse. Jedesmal, wenn sie helfen sollte, hatte sie eine andere Ausrede. Mal war es die Karausche, der sie versprochen hatte, einen Weg durch das Schilf zu bahnen, dann wieder der Stichling, dem sie beim Nestbau helfen mußte. „Die kleinen Stichlinge sind doch so süß." Ein anderes Mal mußte der Aal aus der Wurzel befreit oder dem Barsch ein Stück Krebsfleisch gebracht werden.

Weil sie ein Einzelkind war, wurde sie dementsprechend verwöhnt. Andere Wasserkinder waren nicht in der Nähe. Die Familie Mine mußte immer eine ganze Weile schwimmen, um eine andere Wassermannfamilie zu treffen. Genau gesagt, ging es durch einen Fluß zum nächsten See. Von dort wieder in einen Fluß und nach zehn Minuten in einen kleinen Nebenfluß. Dieser mündete erneut in einen See. Dort lebte auch eine Wassermannfamilie.

Es wurde für die Wassermänner immer schwieriger, einen günstigen See zu finden, da die Menschen alle Seen und Flüsse für sich beanspruchten. Inzwischen sind viele Wassermannfamilien nach Norden gezogen. Dort ist es ruhiger. Aber zu der Zeit, als diese Geschichte passierte, gab es noch genügend Wassermänner bei uns.

Je älter Carda wurde, um so unruhiger und launischer wurde sie. Nachts, besonders wenn der Vollmond schien, schwamm sie zur Wiese hinüber, setzte sich ans Ufer und sang traurige Lieder. Die Eltern beobachteten sie eine Weile. Dann meinte Rif: „Ich habe den Eindruck, daß unsere Tochter einen Mann braucht." „Meinst du das wirklich, sie ist doch noch so jung", antwortete die Mutter. „Überleg mal, wie alt du warst, als wir heirateten", gab Rif zurück. „Das war eine ganz andere Zeit damals. Außerdem, wen soll sie denn heiraten", meinte die Mutter. „Am besten, wir geben den Wanderfischen Nachrichten mit, daß unsere Tochter heiratsfähig ist. Da werden sich schon genügend Wassermannjünglinge einfinden. Einer wird unserer Tochter und uns schon gefallen", beendete Rif seine Rede. „Am besten, wir geben ein Fest für die anderen Familien. Dann sieht man sich auch mal wieder".

Gesagt, getan. Die Wanderfische nahmen die Nachricht mit in alle anderen Flüsse, Seen und ins Meer, und so erreichte die Nachricht vom Fest die Wassermänner rundum, die sich darüber sehr freuten.

Als Carda von dem Fest erfuhr, war sie wie ausgewechselt. Ihre Melancholie war dahin. Sie strotzte vor Tatendrang. „Also, da müssen wir erst mal Großreinemachen, Aufräumen und alles mit Seerosen schmücken." „Vor allem wir", sagte die Mutter, „fang du mal an." Carda räumte alles aus. Dann wollte sie scheuern. Dazu brauchte sie Seife. Aber sie tat viel zu viel Seife in das Scheuerwasser. Das schäumte und schäumte. Die ganze Stube füllte sich mit Schaum, aber es hörte nicht auf zu schäumen. Bald drang der Schaum aus dem Fenster in den See hinein. Und es ging weiter. Der Schaum flog vom See auf die Wiese. Bald stand die ganze Wiese unter Schaum. Das sah vielleicht ganz lustig aus, aber Carda war gar nicht nach Lachen zu-

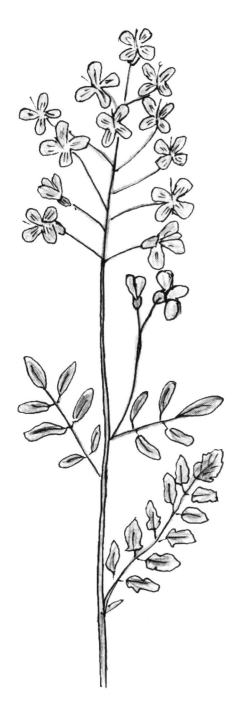

mute. Denn inzwischen sollten die ersten Gäste kommen. Das wäre eine Blamage geworden.

Glücklicherweise kam als erste Cardas Patentante. Sie verstand sich aufs Zaubern. Carda fiel ihr freudig um den Hals, erzählte ihr das Malheur und bat sie um Hilfe. Tante Freja lachte und sprach: „Schaum werd' zur Blume, befiehlt dir die Mume." Dann machte sie geheimnisvolle Zeichen, und plötzlich war die Wiese voller Blumen, so dicht, daß es immer noch wie Schaum aussah.

Als die anderen Wassermannfamilien zum Fest kamen, waren sie ganz entzückt vom neuen Wiesenschmuck und beschlossen, ihre Wiesen genauso zu gestalten. So geschah es, und seitdem stehen überall an den Seen und Flüssen, die die Wassermänner besuchen, die Wiesenschaumkräuter.

Übrigens nannten die Wassermänner das Kraut nach der Verursacherin „Carda Mine". Später wurde daraus „Cardamine", und heute heißt es Cardamine pratensis, das Wiesenschaumkraut.

Wiesenschaumkraut   (Cardamine pratensis)

Der Rainkohl

Am Rande eines Kohlfeldes gab es einmal ein Zwergendorf. In diesem Dorf lebten viele Zwergenfamilien miteinander. Die Kinder spielten lautstark und fröhlich, denn es waren recht viele. Am Lustigsten war es beim Schneckenwettreiten. Die Schnecken sahen es nämlich nicht ein, daß sie die Reittiere für die Zwergenkinder sein sollten. So krochen sie jedesmal in ihr Haus zurück und machten den Deckel zu. Aber dagegen hatten die Zwergenkinder einen Trick. Sie banden einen Kohlkopf an einen Stock und lockten damit die Schnecke aus ihrem Haus. Der Zwergenkohl war für die Schnecken eine so große Delikatesse, daß sie niemals widerstehen konnten. War aber die Schnecke aus ihrem Haus heraus, kletterten die Zwergenkinder blitzschnell auf deren Haus, streckten den Stock mit dem Kohlkopf so vor den Schneckenkopf, daß dieser immer genau ein Stückchen vor dem Mund der Schnecke hing.

Weil die Schnecke an den Kohlkopf kommen wollte, kroch sie vorwärts. Da aber der Zwerg den Stock immer in der gleichen Entfernung vom Schneckenmund hielt, kam die Schnecke nie an den Kohl heran. Nun haben Schnecken ja nur ein kleines Gehirn. Sie durchschauten den Trick nicht, sondern krochen immer weiter, in der Hoffnung, den Kohlkopf zu erreichen. Da auf jeder Schnecke ein Zwergenkind saß und die Schnecke vorwärtslockte, kamen dabei die aufregendsten Wettrennen heraus. Das heißt, in Wirklichkeit ging es dabei immer recht geruhsam zu.

Am Rande des großen Kohlfeldes bauten die Zwerge ihren Kohl an. Der war natürlich viel kleiner als richtiger Kohl. Aber da Zwerge viel kleiner sind als Menschen, muß auch ihr Kohl viel kleiner sein. Den Zwergen ging es gut, und alles war in Ordnung. Die Kinder dachten sich immer neue Spiele aus, und die Erwachsenen arbeiteten auf ihren Feldern oder gingen anderen Tätigkeiten nach.

Eines Tages tauchte in dem Dorf ein Zwergenzauberer auf. Er nahm sich ein leerstehendes Haus und richtete sich ein. Dann sagte er: „Was euch immer gefehlt hat, ist ein Zauberer. Ich bleibe jetzt bei euch. Darüber müßt ihr glücklich sein, denn ich werde euch künftig sagen, was ihr machen müßt. Ihr werdet sehen, daß es euch dann noch viel besser geht als jetzt." Die Zwerge waren über die Rede sehr verwundert. Warum sollte es ihnen besser gehen? Es ging ihnen doch gut, und alle waren glücklich und zufrieden. Aber da sie Streit vermeiden wollten, sagten sie erst mal nichts. Der Zauberer war auch zunächst ganz friedfertig und hatte gute Ideen. Vor allem, wenn mal etwas nicht richtig klappen wollte, konnte er mit etwas Zauberei nachhelfen. Da der Zauberer keine Frau hatte, die ihm Essen kochte, wurde er von den Zwergenfrauen des Dorfes versorgt.

Aber allmählich wurde der Zauberer immer herrschsüchtiger. Alles beanspruchte er für sich, und Kinder mochte er schon gar nicht. Die waren ihm zu laut und tobten zu viel. Die Schneckenrennen wollte er verbieten. Statt dessen sollten die Kinder auf dem Feld mitarbeiten, genau wie die Erwachsenen.

Eine Weile sahen sich die Zwerge das mit an. Dann kamen sie zusammen und überlegten, wie sie ihn loswerden könnten. Aber es fiel ihnen nichts ein. Eines Tages kam Besuch aus einem anderen Zwergendorf weiter weg. Wer beschreibt das Erstaunen der Besucher, als sie den Zauberer sahen. Das war doch ihr Zauberer, den sie hatten lange ertragen müssen, aber dann doch mit einem Trick losgeworden waren. Diesen Trick verriet der Besuch den Zwergen. Daß sie darauf noch nicht alleine gekommen waren! Der Zauberer verabscheute nämlich Kohl. Deshalb hatte er die Zwerge schon zu überreden versucht, statt dessen Rüben und Salat anzubauen. Aber da die Zwerge leidenschaftlich gern Kohl aßen, hatte er bisher kaum Erfolg gehabt. Von nun an gab es jeden Tag in jeder Zwergenfamilie Kohl zu essen. Kohl in allen erdenklichen Variationen. Der Zauberer verlangte etwas anderes, aber es gab nur Kohl. Nach einer Woche hatte der Zauberer genug und beschloß, das Kohldorf zu verlassen. Darauf hatten die Zwerge nur gewartet. Kaum war er weg, feierten sie ein riesengroßes Kohlfest.

Als die Zwerge am nächsten Tag zu ihrem Kohlfeld kamen, erkannten sie es nicht mehr wieder. Es war kein Kohl mehr zu sehen. Statt dessen standen riesengroße, baumähnliche Gewächse auf dem Feld. Als die Zwerge ihre Hälse reckten, entdeckten sie oben an den Ästen ihre Kohlköpfe. Solch lange Leitern hatten sie gar nicht, um an sie heranzukommen. Das war die Rache des Zauberers. Bevor dieser das Dorf verlassen hatte, war er zum

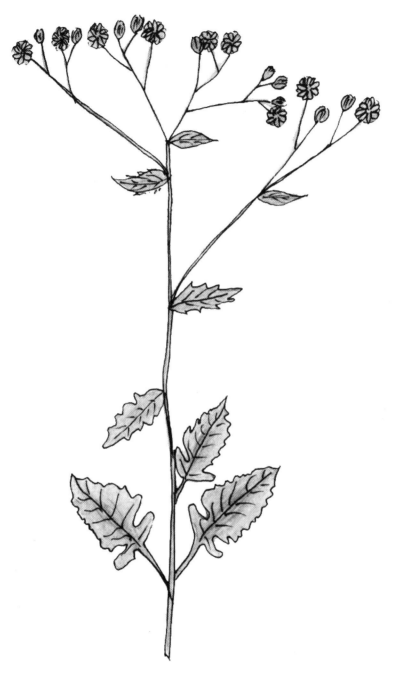

Rainkohl   (Lapsana communis)

Kohlfeld gegangen. Dort tat er folgenden magischen Spruch: „Wachse Kohl jetzt in die Höhe, daß ich dich nur von fern noch sehe. Werde baumartig, verzweigt, daß kein Zwerg dich mehr erreicht." Dann stieß er seine Hände gegen den Kohl vor, und an den Fingerspitzen entstanden bläuliche Flämmchen, die in Richtung Kohl züngelten. Da bekam jeder Kohl plötzlich einen langen Stiel und begann sich erst weit oben zu verzweigen. An den Spitzen der Zweige aber hingen winzige Kohlköpfe. Zufrieden mit seinem Werk machte sich der Zauberer auf den Weg und ward nie wieder geschen. Aber die Zwerge hatten letztendlich das Nachsehen, denn sie hatten nun keinen Kohl mehr.

Der Kohl steht heute noch an Feld- und Wegrändern. Da man in früherer Zeit zum Rand auch Rain sagte, nannten die Menschen diesen riesig gewordenen Zwergenkohl den Rainkohl. So heißt er heute noch. Bevor aus den Rainkohlknospen die Blüten hervorbrechen, erkennt man mit etwas Phantasie noch die kleinen Köpfe des Zwergenkohls.

Und die Zwerge trauern heute noch ihrem geliebten Kohl nach.